神様とおしゃべりできる小梅さんの開運話

人生が好転していく「しくみ」のすべて

田中小梅

ナチュラルスピリット

はじめに

皆様、こんにちは。あの世とこの世のバイリンガル田中小梅です。

人生を振り返ってみると、霊視鑑定を使った人生相談を始めて、いつのまにか約40年が経っていました。途中、セラピーとヒーリングのサロンを開業したのが、いまから20数年前。気がつくと、約5万人の方々の心身と人生に触れさせていただきました。

相談者の不安や悲しみを軽減できるように、また、すべての人が望み欲している「幸せになりたい」という気持ちを応援したくてこの仕事に努めてきました。

すべての人間が求めている「幸福」とはいったいなんなのでしょうか？　どこにあるのでしょうか？　どうしたらいいのでしょうか？　私は長い間それを探求してきました。

今回、この本で皆さんにお伝えさせていただくのは、「しくみ」という名の「普遍的な真理」であり「神理」です。言い換えれば宇宙が創られた時から現在に至るまで、ずっと在り続ける普遍的な宇宙法則です。今まで皆さんが漠然と抱えていた疑問や謎、求めていた答え、知りたいと思っていたことはこのしくみを通してわかるかもしれません。

生まれてきた理由、死んだらどうなるんだろう、健康で幸せに生きるにはどうしたらいいのか、お金に困らないためにはどうしたらいいんだろう、その他、納得して自分の人生を生きるために知りたいことは山ほどあると思います。

これらを知るには、「しくみ」を知らないと始まりません。この本には「生まれ変わりのしくみ」から始まり、「人間のしくみ」「この世のしくみ」、いま知りたい「お金のしくみ」、死んだらどうなるんだろう？ の「あの世のしくみ」、そして、人として最も重要な「魂のしくみ」を書かせていただきました。

「しくみ」を知ることは、自分自身を知ることです。

自分自身を知ることは、自分の幸福を知ることです。

この本1冊でそれらのことが本当にわかるのか？ と疑問に思う方もいらっしゃるかもしれませんが、「しくみ」はとってもシンプルです。気がついてしまうと、あまりのシンプルさにびっくりします。手品の種あかしみたいな感じです。種があかされると「なんだ、そんな簡単なことだったのか！」とあっけにとられると同時に、瞬時に理解でき納得します。人も同じです。「幸福」になるまでは「幸福」を求めますが、「幸福」を知ると今までの人生のすべてを理解し納得できます。あなたを幸福にできるのはあなただけです。そして、それは決して難しくありません。その「しくみ」をあなたにお伝えさせてください。

私が受けてきた相談内容は多岐に渡ります。人間界にある悩みのすべてと言えるかもしれません。子育て、夫婦関係、恋愛、不妊、病気、財産、土地家屋、人間関係、金銭問題、不倫、進学、就職、性などなど。悩みや心配は人間ならではの味わい深いことではありますが、悩みや心配が消えるのは、悩んで心配するからではないということを知っておいてください。悩む原因となった問題点には意味があります。この問題点はあなたに成長するチャンス、成功するチャンス、人生を変えるチャンスをもたらしてくれます。その問題点が目の前に来てくれたことで、あなたの人生は飛躍的に良くなります。何と言ってもその問題点は、あなたがあなたのために用意したものですから。

この本は、秘密のベールに包まれてきた「しくみ」をお伝えするだけではなく、このしくみを使って、あなたがあなたの人生の達人になるための方法をたくさん用意しました。

さあ、これから「しくみ」から紐解いたあなた自身のことを思い出していきましょう。

あなたは、なぜ生まれ、何を目的に、何をしながら、どう生きて、どう幸福に満たされていくのかを。

神様とおしゃべりできる小梅さんの開運話　〈目　次〉

第3章 誕生のしくみ

第1章

生まれ変わりのしくみ

前世・過去世について

1. 生まれ変わって出会った人

小学生の頃から霊視鑑定をしてきたとはいえ、望んで始めたわけではありません。きっかけは親のすすめです。あまりにも突然始めてしまったので、事前準備も勉強もしたことがなく、霊視といってもおばけ専門家になるほどの腕はなく、その世界の専門用語もまったく聞いたこともありませんでした。「生まれ変わり」という言葉や現象も、テレビの霊能スペシャルみたいな番組で知ったくらいです。

ただ、皆さんにも経験があると思いますが、昔から、ある人とは初対面なのになぜか懐かしい気持ちを持ち、まるで以前会ったことがあるような気分になったり、それとは逆に、その人といると妙に不安を感じ落ち着かなかったり、「この人は本当は怖い人だ」などと勝手に決めつけていたり、それほどの強い感情を持たずとも、よく知りもしない人に対して、「なんとなく嫌い」のような感覚が沸き起こることがありました。

それらの感情のすべてではないとしても、多くは生まれ変わりに関係していると気がついたのは、その後だいぶたってからでした。

大人になり、私は表看板をアロマセラピーのサロンにしながら、裏メニューで霊視鑑定を続けていました。その頃の私の霊視鑑定は、あの世の方たちから子孫やご家族宛のメッセージの伝達、また、現在の仕事、恋愛、人間関係の相性や将来性などを神様に聞いてお伝えするようなことでした。

あの世の方々から時折くるメッセージの中には、生まれ変わりに関するような情報も入っていましたが、その時は気にすることもなくスルーしていました。

前世で命を奪ったSさんとの出会い

私が本格的に生まれ変わり（前世・過去世）に興味を持ったのは、その後、約10年間も私のマネージャー&アシスタントをしてくれることになる、ある一人の女性・Sさんとの出会いでした。

Sさんはストレス解消を目的に、サロンにアロマセラピーのマッサージを受けに来てくれた、ごく普通のお客さまの一人でしたが、私はSさんを一目見たときに強烈な記憶が蘇り、「Sさんが昔のことを思い出しませんように」と瞬時に思ってしまいました。

初対面から、私の記憶はダムが決壊したかのようになり、溢れ出す水のように記憶の噴出を止めることはできませんでした。次々と記憶が蘇りましたが、とても軽く口にできるような内容ではなかったため、初対面のSさんにそれを伝えることはしませんでした。


記憶は止める間もなく現実を動かし始めたのでしょうか。

ある夜、サロンの閉店の準備をしていたら、突然Sさんが花束を持って私の目の前に立っていました。私は例のSさんとの過去の記憶が蘇っていたので、腰を抜かすくらいにびっくりし、「殺される！」という言葉が頭をよぎりました。Sさんから出た言葉は、予想に反して、「小梅先生、ありがとう。命拾いしました」でした。

私は突然の花束とそのお礼の言葉にさらにびっくりしました。なぜなら、過去世で私はSさんの命を奪っていたからです。てっきり仕返しされるのかとドキドキしていました。

私はSさんをサロン内に誘い、ゆっくり話を聞きました。

初めて私のアロママッサージを受けたその日の夜、Ｓさんは胃から大量出血をして緊急入院しました。入院の間いろいろと考えたそうです。大好きなご主人との結婚生活に幸福を感じられないこと、ご主人のお母様はとても良い人なのに好きになれない辛さ。好きになれないどころか嫌悪と憎しみさえ感じてしまうので、同居が苦痛でたまらないことなど。私との出会いがなかったら、遅かれ早かれ深刻な病気になって死んでいたか、毎日が辛すぎて自ら命を絶っていたかもしれないと思ったなどの話をたくさんしてくれました。

それを聞いた私の本音はどうだったかというと、今回はたまたま入院で済んだけれど、一歩間違えればまた私はＳさんを殺していたかもしれないという恐怖で、Ｓさんの身の上話を聞いていても半分は上の空でした。

その後、ひょんな流れからＳさんは私のサロンでお手伝いをしてくれるようになりました。Ｓさんは私への感謝の気持ちを持ってくれていましたが、私はちょっと複雑で、「どうか私が殺したことをＳさんが思い出しませんように。今回は、私はＳさんを救いますのでどうぞお許しください」という懺悔の気持ちでした。

さて、私が過去世で殺してしまったＳさんとの記憶をいまから告白します。何だか殺人者の手記のようで妙な感じですが。

ちなみに、この本の中では、いま生きている時代の一つ前の生まれ変わりを前世、それより前の生まれ変わりはすべて過去世に統一してお話ししていきますので、Sさんとの関係は、前世ではなく過去世ということになります。

Sさんとの関係は、そんなに昔でもないと思いますが、前世ではないことはわかります。前世の1つ前くらいの過去での関係だと思います。

国は日本、時代は江戸初期あたり。国や人種や時代は、前世・過去世の記憶の中に登場する場面から読み取ります。参考になるのは、肌、髪、目の色、衣服、建物、風景など。

その時の私は、馬に乗りながら矢を放つ、一匹狼の凄腕の殺し屋でした。完全なフリーランスで、お金さえもらえれば誰でも殺します。冷酷無比な感じですが、私なりの殺しの美学があり、殺し方はできるだけ美しく、一瞬で射止めること。痛みを長びかせないことがせめてもの殺した相手への慈悲です。その時の私は、殺しに対して全く罪悪感を持っていませんでした。

ある日、いつものように殺しのオーダーがありました。私に頼んできた人物の正体は、はっきり見えませんが、恰幅の良い商人風の人の影を感じました。先払いの報酬をもらい、早速殺しのターゲットであるSさん（当時は男性で人の良さそうな顔をした、痩せ型の商人のような雰囲気でした）が一人で何かのお使いで山道を歩いている時、少し離れたところから一矢で心臓に命中させ秒殺でした。私は満足げにニヒルな笑みを浮かべその場を立ち去りました。

これが私の記憶の中にあった、Ｓさんとの物語です。

Ｓさんと出会ってから数年後のある日、とうとう私が怖れていた日がやってきてしまいました……。朝、いつものようにサロンに出勤したら、Ｓさんが声をかけてきました。

Ｓさん「小梅先生、おはようございます。私、昨晩変な夢を見ました。」

小梅「どんな夢？」

Ｓさん「時代劇みたいな感じですが、馬に乗った人に矢で心臓を射ぬかれたんです。」

とうとう、この日が来てしまいました……と言ってはみたものの、「思い出すな、思い出すな」と念を送っていたのですから、過度に私が気にしてしまったことで、かえってＳさんの記憶を引っ張り出したのかもしれません。

私は観念して、Ｓさんの見た夢の話を、質問を交えながらこと細かく聞かせてもらいました。その内容は驚くべきことに、私が思い出したＳさんとの過去世の記憶とほとんど同じでした。時代、人間関係、何より死に方まで。このありえないほどのシンクロは、今世での出会いがお互いを刺激し、それぞれの奥にあった記憶がブワッと表に出てきたのでしょう。奥にあるだけでそのままお蔵入りして、一生表に出てこない前世や過去世の記憶もたくさんあります。今回もお蔵入りする可能性があったのですが、その時の過去世で、お互いが成し遂げていないことへの心残りや反省があったから今世で出会うことを決めて、すっきり解消したかったのかもしれません。

私は、殺し屋稼業を平然としていた自分に疑問を持ち、今回はその時に殺めてしまった人たちや、殺めていないまでも出会った人たちを助けられるようなことをしたいと思って生まれ変わってきたように思います。

お互いの夢の内容で違うところがあるとしたら、それぞれの立場からの視点の違いです。自分以外の人への思いやその時の感情の機微は、本人にしかわからないものでした。

Sさんがここまで鮮明に過去の記憶を思い出してしまったので、この後、私はSさんとの初対面で過去世の記憶が思い出されたこと、Sさんが思い出さないように願っていたことなどを正直に話しました。

Sさんは「私は、私を殺して欲しいと頼んだ黒幕を恨んでいただけで、殺し屋は恨んでいないから大丈夫ですよ」と言ってくれて、Sさんとの出会いからずっと引っかかっていた胸のつかえがとれました。

Sさんとの出会いを通して、私は生まれ変わりにとても興味を持ち、研究をはじめ、家族やスタッフを前世・過去世療法の実験台にしながら理解を深めていきました。

その頃、ちょうどアメリカの精神科医であるブライアン・L・ワイス博士が『前世療法――米国精神科医が体験した輪廻転生の神秘』（PHP研究所）という本を出版し、世間では「前世」が流行り始めていました。

親戚のおじさんの生まれ変わり

こんな人との出会いもありました。静岡県の御殿場に、アメリカで最新技術の骨格治療を学んだ人の治療院があると聞き、当時、出産後の骨盤のゆがみが気になっていたので、その治療に何回かお邪魔しました。

ある日、治療が終わり、治療家の先生と奥様と3人でお茶を飲んでいたら、先生が突然、「小梅ちゃんは生まれ変わりを信じるかい?」と聞いてきました。先生は、私が生まれ変わりの研究や実験をしていることは知らないはずなのに、そのタイミングにびっくりです。

私はもちろん「信じています。すごく興味があります」と伝えました。

すると、先生はおもむろに上着をたくしあげ、白い肌のおなかをペロンと出しました。おへその横に不思議な形のあざがありました。まるで書道の点のような形で、穂先のちょっとした乱れも本物のようでした。ちなみに、この点は漢字の「点」ではなく、「犬」とか「太」に書かれている点です。

先生の話によると、先生が生まれる前に、親戚のおじさんが若くしてお亡くなりになったそうです。そのおじさんはとても優秀で人格も素晴らしく、家族親族の期待の星だったそうです。おじさんの死に納得できないご両親は、我が子（おじさん）の死体に墨と筆で印をつけて「すぐにお前とわかるように印をつけるから、必ず生まれ変わって来いよ」と言って天に見送ったそうです。

それから2年後、治療家の先生が誕生したのですが、その生まれたての裸には、まさにおじさんの死体につけた印とまったく同じ文様が同じ場所にあざとしてあったそうです。それを見た先生の両親もおじさんの両親も、先生がおじさんの生まれ変わりだと信じ、喜び、家族親族一致協力して大切に育ててくれたそうです。そのおかげでアメリカ留学もできたと話してくれました。

話だけでは信じ難い内容ですが、おじさんが火葬場に運ばれる前に撮った小さな白いおなかにつけた筆の印が写っている写真と、目の前にいらっしゃる先生のおなかを見比べることができた私は、生まれ変わりを疑う余地がありませんでした。残念ながら、その治療家の先生はすでにお亡くなりになっていますが、貴重な体験をさせていただき、あらためてこの場を借りて先生には感謝をお伝えしたいです。

2. 生まれ変わりの4つの目的

生まれ変わりについての用語の定義

この本で出てくる言葉には、普通の会話でよく使われているにもかかわらず、実体がわかりづらいため、どうしても曖昧な表現になってしまうものがあります。また、使う人によって意味が変わることもあり、それが余計混乱させてしまうかもしれません。
そこで、この本での言葉の定義を以下にまとめました。

「神」：唯一、生命の源、どこまでも広くいっぱいに満ちている無限のエネルギー、すべての中に存在するエネルギー、意識そのもの
「霊」：神そのものではないが、神が表現するエネルギー（神より動きがある感じ）
「体」：霊が表現したものを現象化する媒体
「魂」：体を通して表現される霊の個の意識
「私」：魂の一側面
「ソウルグループ」：個の魂が成長すると意識が高く広くなり、一回り大きな意識となる。そ

の一回り大きな意識の中には共通の目的を持った魂が集まっている。霊的な兄弟、親戚のようなもの

「宇宙」：宇宙には2種類の宇宙があります。ビックバン後に登場した物質的な宇宙（物質宇宙）と、ビックバンを起こした意識そのものの宇宙（精神宇宙）

物質宇宙と精神宇宙の関係性は、このような言い方ができるかもしれません。精神宇宙が、物質宇宙を創った。その始まりがビックバン。精神宇宙を創造主、神と表現しても間違いではないと思いますが、ここでは神と宇宙とに分けておきます。

これらの分類は、あくまでこの地球での分類であり、本質からすると意味のないことかもしれませんが、皆さんが少しでもイメージしやすいように、また、わかりやすくなればと思い、分けてみました。本来は「ここからここまでが神で、ここからは霊です」というように、明確に分かれているものではないことをご理解ください。神と霊、精神宇宙と物質宇宙も、境目が曖昧です。

最初は難しく感じるかもしれませんが、私たちはすでに何回も生まれ変わっている魂です。中には、地球以外の高度な知性や技術等を持つ星から来ている方もいるので、何回か読んでいると感覚でわかってくる人や、思い出す人もいるはずです。今はまだ思い出して

いないことが多いかもしれませんが、現段階ではなんとなくわかる程度で十分です。なぜなら、私たちの人生は、これらのことを思い出すための人生でもあるからです。

生まれ変わりの4つの目的

ここからは生まれ変わりのしくみについてお話しさせていただきます。

生まれ変わりの大きな目的は4つです。

1. 人間としてのさまざまな経験を通して個の魂を成長させるため
2. カルマの法則を経験し、あえて過去の苦い経験を繰り返しながらネガティブな考えや記憶を消し、内側にある感謝や愛、神の意識を表に出すため
3. ソウルグループの進化のため
4. 宇宙全体の経験であり智恵となるため

この4つの大きな目的について、一つひとつご説明していきましょう。

生まれ変わりの目的１：人間としてのさまざまな経験を通して個の魂を成長させるため

どんな経験にも意味がある

私たち人間は、経験に対してつい良い悪い、失敗や成功という判断をつけてしまいがちですが、生まれ変わりの目的としては、どのような経験であれ意味があり役に立ちます。

離婚、リストラ、入学試験に落ちた経験は「失敗」と呼ばれやすいものです。失敗は人に後悔や自信喪失、その時の悲しい、悔しい、辛い気持ちを経験させますが、これらの感情が、その時の生まれ変わりの重要な経験であったりします。思い通りにいかないことの方が多いこの地上ですが、「思い通りにいかない」経験をしたかったのだと考えると、思い通りにいかなかったこと、つまり失敗が成功であり、完璧なのです。

私の両親は私が7歳の時に離婚をしています。両親の離婚でみじめで寂しい思いをしたはずなのに、結局、私も子どもが2歳の時に離婚しました。2年しか結婚生活が営めなかった自分を人間として失敗者のように感じ、我が子を自分と同じ父親のいない子どもにしてしまったのだと落ち込み、心のバランスを完全に崩してしまいました。その後1年間は「仮面うつ病」の診断を言い渡され、精神安定剤に頼ったという経験もあります。

その時、もし私が生まれ変わりについてすでに研究をしていて、前世・過去世での両親との関係や、あの世で決めてきた今回の人生の筋書きを知っていたら、「死んでしまいたい」なんて思うことはなかったと思います。その当時の私は、あまりにも辛すぎて「死んだ方が楽」と思っていました。

子どもの頃から霊視ができ、普通の人が視えないものが視え、それにより、「救われた」と感謝してもらってきたはずなのに、神様とおしゃべりしてきたはずなのに……。自分のこととなると、生まれ変わりから見える因果の法則がわからなくなるのです。次々と不幸なことが起きると、「本当に神様っているのかな？」と、精神が迷子になったかのようにすべてに対して疑いの目を持ち、そんな自分に自信がなくなり、心は折れてしまいました。

人間には支えてくれる人が必要です。話を聞いてくれる人、間違いを指摘してくれる人、何があっても味方となってくれる人たちの愛情が、強く生き抜く土台となります。

一般的には、一度結婚したら、理想は離婚しないことです。でも、前世でも過去世でも苦手なことだったからこそ生まれ変わりで「離婚する両親」の元に生まれ、離婚の辛さを知った上でも、自ら離婚を選択してしまうことがあります。

離婚を正当化するつもりはありません。どのような離婚であれ子どもは傷つきます。しかし、今回「離婚」を経験することを決めてきた魂であるなら、それは避けづらい出来事ではあります。ただし、夫婦共に、またはどちらかの気づきや成長が早ければ、離婚を回避することはできます。また、子どものほうも、離婚する（しそうな）両親をあえて選んで生まれ変わってきている可能性もあります。

離婚経験を今回の学びと決めてきて、そのまま離婚になった場合、大切なのは離婚後です。どのように立ち直っていくかなのです。

離婚という大変な経験を通じて大いに成長し、その後、真に愛し合えるパートナーと出会い、それぞれが愛に満ちた創造的な人生を送れるのであれば、それはある意味、結婚と離婚によって得た大きな学びといえます。

また、逆説的ですが、離婚はしていないけれど、お互い大した成長もなく深い愛情の交換も行えなかったとしたら、夫婦という形・役割を演じきっただけであり、学びは成功したとはいえません。

あの世で役に立つのは、この世での経験

家を建てるといった経験も、家が建つまでの全工程にも、不動産屋さんに相談し、土地を探したり、家族でどんな家にするのかデザインを話しあったり、建築業者を選んだりな

ど、一生の家として考えると、それぞれが真剣勝負で大変な労力が必要です。

これらの経験は単に結婚した、離婚した、家を建てたという結果だけを切り取ったような物質的な事柄だけではなく、その一つひとつの出来事や瞬間に、喜びや感動、意気消沈や嫌悪などのさまざまな感情に一喜一憂し、心の動きも同時に体験したことになります。

これらの経験や感情は、生きている間、学んだこととして積み重ねられ、人間の深みとなり、仕事やその他に活かすことができますが、実は、私たちが死んで地上から肉体が離れ、あの世に行った後も、さらには地上界での生まれ変わりをすべて終えてどこか好きなところに行くとしても、人間としての経験が非常に役立つのです。

あの世では、経験したことを思い出すだけ、イメージするだけで家を建てたり、会いたい人に会ったりすることができるからです。この地上界では思いを現実化し形にするには、素材や人手、時間、労力などが必要ですが、あの世では思いを働かせることで一瞬で現象化が行われます。

苦しんでいるさなかの人が、「今のあなたの苦しみは、必ずあの世で役に立ちますよ」と唐突に言われても、そう簡単には信じられないかもしれませんが、本当のことなので「今の苦しみは決して無駄にはならない」と自分を励ましていってください。

もう一度言います。あの世ではあなたの思いが一瞬で現象化します。

この世の人間界での経験は、どのようなことであれ、私たちがあの世に行った際の現象化のボキャブラリーになるのです。英語5単語、たとえば「yes」「no」「where」「eat」「toilet（トイレ）」でも海外旅行はできるかもしれませんが、5単語より10単語、10単語より100単語のボキャブラリーを持っていたほうが、より細かい表現や痒いところに手が届く説明ができます。

生まれ変わりによるこの世での経験の積み重ねは、あの世でのボキャブラリーの多さとなります。

私もあの世に行ったら、自由自在に好きな世界を創造したいので、それを楽しみに、残りの人生の一つひとつをしっかりと経験したいと思います。

生まれ変わりの目的2：カルマの法則を経験し、あえて過去の苦い経験を繰り返しながらネガティブな考えや記憶を消し、内側にある感謝や愛、神の意識を表に出すため

カルマは、「自分次第」でクリアできる

次に、生まれ変わりの目的の2つ目、「カルマの法則を経験し、あえて過去の苦い経験を

繰り返しながらネガティブな考えや記憶を消し、内側にある感謝や愛、神の意識を表に出すため」についてですが、「カルマ」とは因果応報のことです。

因果応報とはこの漢字通り、自分が発した感情や言動（原因）が巡りめぐって自分に返ってくる（結果）という意味を表します。私は「カルマ」というものがあるか、ないかで答えるなら、「たしかにカルマはあるでしょう」と答えます。でも、一生をカルマの清算に当てることが、生きる目的だとは思っていません。

ある宗教の教えの中にも、また、スピリチュアルな考えの中にも、カルマは登場してきます。中には「一生を通してカルマを清算しないと浄化されない」というような考えもあるようです。私としては、それは少し偏った考えであり、カルマという言葉で人を縛ることにもなりかねないと感じます。それぞれの人がどのようなカルマを持ち、どのように解決していくのかによって、一生かかる人がいてもおかしくはありません。しかしそれは、本来の生まれ変わりの意味とは少しずれます。

カルマはカルマの法則を活用し、同じ間違いを繰り返さずに、愛ある言動を心がけていくことで、あの世で予定を立てていた過酷な問題（カルマ）さえも、予定より短期間で楽々クリアすることができます。一生をかけて償おうとしていた問題さえも、愛に目覚め、自分次第であっという間に卒業できるのです。なお、カルマから卒業しても、天に無理やり連れて帰られるわけではありませんからご心配なく。

大きなカルマを終えると個の魂がぐんと成長し、意識が拡がり、より多くの魂のための人生を生きようと思うのです。

自分のカルマの清算のために他のために奉仕するより、自ら愛に目覚めカルマから卒業できたことで、他のための奉仕に向かう方が自然ではないでしょうか？

カルマはネガティブな原因と結果が主役なのではなく、カルマの試練によって気づかされる、何事も「自分次第」なのだということに気付くことが主役なのです。

生まれ変わりの目的3：ソウルグループの進化のため

集合意識を進化させるためにあるソウルグループ

成長した個の魂は、ある日突然目覚めます。

「あれっ、私は一人だけで生きているのではなかった！　全体の一部だった！」

そのことに気がついた共通の目的を持った魂たちの集まりがソウルグループです。

生まれ変わりの目的その3は、ソウルグループの進化と成長です。ソウルグループは数個の魂の小さなグループもあれば、数百、まれに数千個の魂が集まった巨大グループになることもあります。魂の数の多い少ないは特に関係はなく、グループが成長すると、一つひとつの個の魂も合体して、さらに大きなひとつの意識体になりますので、最終的にはすべてのソウルグループが神エネルギーと同化します。神エネルギーとは、生命の源、意識そのもの、すべての中に存在するエネルギーのことです。

こんなイメージです。大きなお餅の塊（神エネルギー）から、ちぎってお団子をたくさんつくって、お団子5個のグループ（きなこ好き）、お団子10個のグループ（あんこ好き）、お団子20個のグループ（大根おろしの辛味好き）を作るとします。それぞれのグループは、個々にそれぞれの味を楽しみます。そして思う存分それぞれが堪能したら、グループ内でそれぞれ一つの塊に戻ります。最後はこの3つのグループ全部を一つにまとめると、一番最初の大きなお餅の塊に戻るという感じです。ここでは大きなお餅の塊が神エネルギーです。最初の味のないお餅からいろんな味を経験して戻るイメージです。

また、ソウルグループを他の生き物で表すと、蟻や蜂がピッタリのような気がします。

蟻も蜂も一つの大きな巣がありますが、その中は役割分担していて、定期的にその役割が変わります。1匹1匹が自分の役割だけ一生懸命働いているようですが、実はそれが巣全体を維持することにつながっています。小さな蟻や蜂ですが、実は人間より進化した生物かもしれません。それは、すでに個から全体のために働くという意識があるからです（集合意識)。人間のソウルグループは全体のために生きる意識をさらに進化させるために構成されたものです。

ソウルグループの進化は、あくまでも成長した個の魂が自然に目覚めることからはじまるので、まずは、個の魂を成長させるために日常をていねいに過ごし、自分自身としっかり付き合ってください。個の魂の成長は、自分でも何となく「私、少しは成長したかも」という感覚でわかりますが、仲の良い友人や身近な周囲の人たちとの会話の中で、さらに実感することでしょう。それは、つい最近、自分が考えていたり気付いたりしたことを、その人たちも同じように体験しているからです。そうやって、それぞれの個の成長がありながら、どんどんグループとしての全体のエネルギーが上がる準備をしているのです。

生まれ変わりの目的4：宇宙全体の経験であり智恵となるため

私たちは、宇宙そのもの

最後に、生まれ変わりの目的4つ目の、「宇宙全体の経験であり智恵となる」とはどういう意味でしょうか？

人間は個人としての生まれ変わりの経験を何回も繰り返し繰り返しします。その回数は人によって違いますので、「人は何回生まれ変わります」「何年周期です」とは答えることはできませんが、どのような個人の経験でも、それが最終的には全体としての経験となるということは、はっきりとお答えできます。

全体とは神エネルギーのことなので、最終的な進化はすべて神エネルギーに還ることになります。これは、一切の宗教的な背景のない、エネルギーとしてのしくみです。「私たちは神から生まれ神に還ります」。神はエネルギーのため体がないので、私たち一人ひとりの経験がそのまま神エネルギーの智恵となり、神の意識そのものである宇宙にもその影響があります。何だか壮大過ぎてピンとこないかもしれませんが、私たち人間を含む、地球上にあるすべてのものは、もともと一つのエネルギーから生まれたということを思い出し、しっかり心に刻んでください。この世にあるすべてのものは少なからずみんな繋がっていて、宇宙の中に包括されています。

神の意識そのものの宇宙ですが、宇宙が全体としてのバランスを保つために、また進化し続けるためには、何らかのエネルギー源が必要です。そのエネルギー源の一つが、私たち人間の魂が経験した智恵や愛なのです。

宇宙と一言で呼んでいますが、宇宙には物質的側面と精神的側面があります。

物質宇宙には形や距離がありますが、精神宇宙には何かを計る尺度がありません。

精神宇宙の尺度は愛です。どのような創造にも、必ずそこに愛があります。

精神宇宙が愛を尺度にして進化を感じているとしたら、愛の表現の場として、物質宇宙にたくさんの多様な生命を創造し、その生命の営みを通してさまざまな愛や喜びを実践しているのではないかと思います。

試練の多い、思い通りにいかないことが多い人間の世界で愛を学んでいる私たちは、宇宙そのものであり、私たちの中に愛という宇宙があるともいえます。

昔は、遠く宇宙や星を眺めては懐かしい気分に浸ったり、誰か連れて帰ってくれないかなぁと現実逃避をしていたものですが、最近は人間の形をしている自分が不思議でたまらなくなるくらい自分の中に宇宙を感じています。

たまにこのような質問をいただくことがあります。

「神や宇宙って、成長を願っているのですか？　だとしたらそれはなぜですか？」

私は、宇宙が人間のように何かを願っていたり欲していたりするとは考えていませんが、宇宙にとって成長や進化は当たり前であり、進化する意識が宇宙なのではないかと思っています。その意識を人間が受け取ったときに、「神の願い」として、使命感がわくことはあると思っています。

また、精神宇宙は限界がないので、いくら学んでも満足しないのではないでしょうか。これが限界。これで満足。これでおなかいっぱいということがないので、次々新しいエネルギーを感じていたいのかもしれません。

あの世での現象化は、この世と違って一瞬です

個人として何度も生まれ変わりを経験し、さまざまな智恵が身についてくると、あの世では魔法使いのように一瞬でイメージを現象化できます。

いつの時代も人気のある手品ですが、どの手品にも必ず仕掛けがあります。ところが、あの世での現象化は「種も仕掛けもございません。思うだけで叶います」の世界なのです。

個人として積み重ねた経験は、その人があの世へ行った時や次の生まれ変わりの時だけに活かされるのではなく、自分とは別の新しい魂の智恵にもなります。これは、パソコン上でよく行われる、情報の共有みたいなものです。私たちはもともと一つのエネルギー（神エネルギー）から生まれているので繋がっています。ですから、お互いに影響し合い、共鳴しやすいのは当たり前のことで、個人の魂の経験が他の人の魂の智恵となることは、なんら不思議なことではありません。他人の経験すらも自分の経験として用いることができるので、ある程度成熟した魂は、地上に生まれ変わった際には、自分の人生だけを必死に

生きるのではなく、生まれてから日の浅い魂を持つ人間の指導役をしたりして、地球や宇宙に役立つ生き方をすることができます。

この地上での経験は、どのようなネガティブなことでも、つまらないと思っている仕事でも、いつか必ず地球や宇宙の役に立つ要素が含まれています。どのような経験も、どのような人も決して無駄になることはありません。

大切なのは、今日という1日を味わいながら、日常生活のあらゆることについて真剣に関わることです。その真剣さや経験は、宇宙貯金、未来貯金となり、自分が生まれ変わった時に使えるお得なサービス券みたいなものに変換されます。そのサービスは多岐に渡ります。ある人は最高のパートナーを得ます。ある人は自分を丸ごと愛し、理解してくれる友との出会いがあります。また安定した家庭環境が与えられる人もいます。経験すべきことが明確な場合、それ以外に余計なエネルギーを使い疲労しないように、これらのサービスがある場合があります。

たとえば、ある人の魂は、今回の人生でピアニストとして音楽の神様と出会い、そこからのインスピレーションを多くの人と分かち合い、全世界に癒しの音を広げるという壮大かつ明確な目的があるとしたら、未来貯金のチケットはこの人がピアノに専念できるように、「お世話係」を用意してくれるというようなことです。

このチケットの面白いところは、音楽性を深めるために、あえて貧窮、孤独を経験したい場合は、その経験ができる環境に生まれ育ちます。

これらとは正反対に、あらゆる出来事や人と真剣に向き合うこともなく、考えることを放棄し、自堕落に不注意に過ごしていれば、せっかく目的を持って地上に来たのに、その目的をほとんど果たすことなく人生が終わるので、残念ながらその次の生まれ変わりではまた同じことを一から繰り返すことになります。

もしかしたら、ペナルティがついて、より過酷な環境下に左遷させられるかもしれないので、毎回の人生を真剣に取り組んだ方が賢明です。

生まれ変わりの中での最も重要な学びは、「その経験と真剣に向き合う」ということです。

3. 前世・過去世の記憶を思い出す

前世・過去世の記憶が置いてある場所

前世・過去世での生活の記憶は、覚えていない方が新しい人生で都合が良かったり新鮮な気持ちでより良い勉強ができるので、生まれ変わったら忘れることが多いのですが、魂のすべての経験は波動として記録されています。記録されている場所は何箇所かあります。

1．あの世の記憶貯蔵庫

2．本人の最も高い意識の層

3．アカシックレコード（宇宙創生からすべてのことが記録されている記録層）

これらの場所に繋がることができる能力を持っている人に手伝ってもらえば、今回の魂の目的や前世・過去世を知ることは可能ですが、問題点が二つあります。ここから書くことは、あくまで私の解釈であり、過去の記憶に携わる特定の職業の人に対しての批判ではありませんので、誤解のなきよう、ご理解いただけますことを願います。

一つ目の問題点は、前世や過去世がわかるという人やアカシックレコードをリーディングできるという人がいても、その人たちの言っていることが正しいかどうかを確かめる手立てがないことです。

二つ目の問題点は、アカシックレコードの記録層は人間が触れることができないレベルなので、直接アカシックレコードから過去や未来の記録を人間が受け取ることは非常に難しいことだということです。しかし、アカシックレコードより下位の波動の層にも、アカシックレコードからの情報が浸透していますので、ここと繋がることができる人はいるはずです。その情報をアカシックレコードからの情報と言うことが間違いだとは思いません。

これらのことを踏まえて、私が前世・過去世療法を行う時は、私からは、その方の前世でどのようなことがあったのか、また、今回の生まれ変わりの目的などを伝えることはほとんどありません。その人自身にとって、その時もっとも必要であることを、その人自身が思い出せるように導くことが大事だからです。

時折、自分は覚者や大天使○○、イエス、仏陀の生まれ変わりであると自称する人たちがいます。もちろん、その方々に悪意はないと思います。本当に自分はイエスや仏陀の生まれ変わりだと信じているのだとしたら、それは誰にも止めることはできません。しかし、生まれ変わりの目的や意義を知れば知るほど、そのようなことはなかなか言えないのではないかと私は感じてしまいます。

私がサロンで前世療法をメニューに入れていた時、他のサロンで前世療法を受け「私の前世はマリー・アントワネットだと言われました」と喜んでいる方が数名いました。フランスの歴史を知っていたら、人格者でもなく悲劇の死を迎えたマリー・アントワネットでは喜べないと思いますが。喜んでいた方々は豪華な暮らしが頭に浮かんだのでしょうか。

私のサロンだけでも、3名程のマリー・アントワネットがいらっしゃいました。世界にはいったい何人のマリー・アントワネットの生まれ変わりがいるのか？　と思うことがあります。仮に本物がこの中に一人いらっしゃったとしたら、今回の人生は質素倹約を学ぶことが魂の目的なのではないかと勝手に考えたりしていました。

稀に一つの魂が、まるで一卵性双生児のように完全に二つに分裂し、それぞれが完全な個の魂として存在することがあります。二人の人間それぞれに違う何かがつながることになります。魂は多面的な性質を持っているため、以前の個人そのものというよりは、性格の部分、身体の特徴、思考、趣味などが分割して個の魂の特徴の一つとなります。

それは特別にツインソウル（ソウルツイン）と呼ばれることがあります。深い絆で苦楽を共にする夫婦や、何か共通の目的を果たす親友だったり、ツインソウルは身近に生まれ必ず出会うようになっていて支え合います。元々一人の人間というか、一つの魂だったから当然と言えば、当然かもしれません。しかし、残念ながら、ツインソウルだから今世で絶対結婚するとか、そういうことはありません。ただ、磁石のプラスとマイナスのように自然に引き合い、一緒にいることが自然だから、ツインソウルの二人はどうしても魅かれ合ってしまいます。

私の知り合いのツインソウルはそれぞれ家庭があり、家族間の交流もあります。ツインソウル同士は毎日ラインやメール、電話のやり取りをしています。今は、お互いの家族には内緒の関係ではありますが、二人は世間で俗に言われているW不倫では決してありません。男女の関係もありませんし、やりとりしている内容も色っぽいものはありません。その内容は私もそれぞれからラインを見せてもらい、話を聞いているので隠し事はありません。しかし、二人のこの関係に問題がないとも言えません。お互いの悩みは、それぞれのパートナーよりツインソウルの二人の方が深く理解し合い仲が良いということです。いかに今世のパートナーである夫婦関係を良好に保つのかが課題だと言っていました。

私たちは、前世・過去世の課題を克服するために生まれ変わる

スピリチュアルなセッションは、目で見えないことを取り扱うので、その結果に対しての真偽のほどが計り知れない問題があります。真偽はわからなくても、学びの本質がわかれば、まあよしとしましょう。

大事なことは、前世・過去世療法をしてもしなくても、本人が自ら気づいた問題点に取り組むことです。たいがいは、生まれ落ちてからの環境、人間関係、病気、パターン化して何度も起きる問題などは、間違いなく今回、経験したくてしているものです。

いま悩んでいること、苦手なことは、前世・過去世で学びそこね、今回それを克服するために生まれ変わったということです。大変でしょうが、逃げずにあれこれ悩み、いろいろと試していけば、すべてとは言い切れませんが、この人生の中で、その悩みが順番に解

消し、開放される日は必ずやってきます。

あの世でイメージをしてシミュレーションをした今回の人生のあらすじと、実際に肉体を持って地上で試すことは、想像以上に感情が邪魔をしたり、時間の概念が邪魔をして、予定通りにいかないことがよくあります。おおよそは、乗り越えられそうなことを目的にしているから大丈夫です。チャレンジ精神が旺盛な魂は、あえて大変な激しい目的を持つことがあります。その場合、今回死ぬまでに解消、開放されないこともありえますが、それはそれで大丈夫です。

なぜなら、死んで、肉体を離れ、あの世でもう一度策を練り、何度でもチャレンジできるからです。

この世にもあの世にも「失敗」というものはありません。すべて「経験」なのです。生まれ変わりを十分に経験し、人間として関心のあるものや、学ぶべきことがなくなった時には、魂はその世界から卒業して、特別なことがない限りもう二度と地上に戻ってくることはありません。特別なこととは、特別な使命のために、どうしてもその時代に必要な存在であったりという時です。

その当時（前世、過去世において）、逃げてしまい、ちゃんと体験できなかったことを、生まれ変わった別の人生で体験し直し、開放し、クリアにすることが魂の目的です。

しかし、前回も逃げて、今回もまた逃げてばかりいると、ネガティブなエネルギーがどんどん溜まり、ある人はそれが病気となって出てきたり、ある人は身の回りで次々不幸な出来事が起こったりします。自然の法則は、その人が正面からそのことを真っ直ぐに受けとめて、しっかり向き合わないといけない課題や問題点から目をそらしたり、見て見ぬふりをしていると、いやがおうでも、いつか必ず見なくてはいけない羽目に合うこともよくあります。

もちろん、誰にとっても向き合わなくてはいけない問題こそ、一番自分が目をそらしたいものですから、最初は気分がいいわけはありません。しかし、それがきっかけで癒され、気付き、目覚めていくのです。一瞬、八方塞がり万事休すと思ったときこそ、それがその人にとっての学びのベストタイミングであり、紆余曲折、遠回りではあったかもしれませんが、結果的にはその人の今回の人生の目的を達成することとなります。

人生はある程度、あの世で決めてきている

病気は、課題や問題点に向き合わせてくれる信号

逃げることのできない、その人がちゃんと見ないといけない自分自身の課題や問題点は人によって違いますが、病気はとてもわかりやすい信号の一つだと思います。

とはいえ、病気を通して学ばないといけない時点では、その病状によっては生命がかかっている時もあります。病気は多種多様なので、一言では言い表せませんが、生命がかかっている病気は、少なくとも一日二日で作られてきたものではありません。長期に渡って身体が少しずつ蝕まれてきたわけですから、その期間に身体やその他からの危険信号は出ていたはずです。身体からの信号を気がつきながら無視してきたか、気がつく暇もなかったか、いつものことだからと、不調とすっかりお友達になってきた人もいるかもしれません。なかには、自分は大病はしないだろうとたかをくくってきた人もいるかもしれません。

病気はあの世で決めてきた計画の最終手段に使われることがあります。何をもってしても、その人が今回の人生で学ぼうと思ってきた課題をすっかり忘れ、向き合わず、目をそらしてきた場合、生命と向き合わせて逃げ道をなくす場合もあります。

この最終手段に選ばれた病気も、あの世で自分で決めてきた脚本の一部です。できれば、どの人も、病気になる前にその課題を学び終え、次の新しい課題にチャレンジできるようにしたいと思っているでしょうが、実際、人間社会で病気の人がこれだけ多くいると、人間が成長し、魂を成長させることは、たやすいことばかりではないと実感します。

好き好んで病気になりたい人なんていないと誰でも思うと思いますが、それは生まれ変わりの記憶がすっかり消えている時の人間の話。生まれ変わる前は、先天的な病気をあの世で決めてくる人もいます。この場合、本人は身体が思うように動かないからこそ学べる課題や、前世や過去世のカルマ（因縁）の清算のために、最もベストな方法で、自らの今世の役作りをします。先天的な病気の場合は、本人だけのことではなく、サポートしてくれる家族や友人知人との、相互で切磋琢磨できる課題や、お互いの関係しているカルマの清算がある場合もあります。

また、お子さんに問題が起き、それによって成長する経験を望む魂もたくさんいます。子どもの問題の根本的な原因は親であることが多いので、「問題児の役を引き受けてくれた子ども」の親としての役どころで、親がその経験を通して見つめ、学び、成長し子どもを愛することが目的となります。決して「親のせい」と言っているわけではありません。親役と子ども役のそれぞれのカルマが親子であることで解決しやすい場合、そのカルマによっては「問題児とその親」というドラマがくりひろげられてしまうということです。

生まれ変わる前のあの世では、夫婦役になる当人同士や夫婦役と子ども役の3人での話し合いや、当人は出席しないで仲介役のような存在とだけの話し合いがあります。その話し合いは、「次の生まれ変わりでは、これを経験するためにこのような子どもを用意します」みたいなもので、それに沿った完璧なスタッフの配置も考えられています。

そう考えると、出会う人はすべて自分の成長に必要な人たちなのです。

大変で辛い経験も、魂の成長のためにある

私もあの世で決めてきた自分の課題は十分わかっています。「自由」と「逃避」です。自由になりたいから逃げたくなる。でも、逃げても逃げても自由にはなりません。若いうちは逃げ続けていました。親、学校、日本、組織という体系、社会制度や常識からも、そしてこの仕事からも逃げ回っていました。

逃げても逃げても楽にならないある日のこと、とうとう気がついたんです。私が最も逃げていたのは、「幸福」からでした。長い間逃げました。「幸福」から逃げていた理由はなんだと思いますか？　「幸福」から逃げる人がいるなんて信じられませんか？　理由は、潜在的には、自分を罰するため。自分には幸福になる価値がないと思っていたためです。表層意識においては、幸福に慣れていなかったから怖かったんだと思います。

幸福から長い間逃げた結果、とうとう私は30歳の時に自分で子宮がんを作ってしまいました。当然、生命がかかってしまったから、逃げられない状況に追い込まれました。誰のせいでもありません。自分で自分を追い込んだのです。

人生いろいろあります。あってあたりまえ。

山あり谷あり苦難あり。あってあたりまえ。

一生死ぬまで、これからだって色々あります。あってあたりまえ。

人として生まれ変わり、人として生きるとはそういうことですから。

それを自ら生まれる前のあの世で決めてきているとしたら、認めたくないけれど、認めるが楽。いまが大変で辛い人もたくさんいるのはわかっています。しかし、あなたの魂は決して辛い体験で終わらせる計画はしていません。

大変で辛いのはなぜかわかっているはずです。あなたが越えたい、自分の成長のために用意したものだからです。それにはもう気がついていますよね？　ここから先のあなたの人生は、うんと楽になりますよ。それは、何も苦労がないからではなく、何があっても当たり前だから、それを一つひとつ越えていけば、越えるたびに賢く強くなっています。越えた先の人生には、今までとは全く別の次元で、あなたの心は自由になっています。

あなたも、あなたの周囲にいる人も、全世界中の人間も、みんな生まれ変わりの人たちです。何かを経験しに地球で生活しているのです。

そもそも失敗なんてないんです。すべて経験したかったことなのだから。

だから安心して、あなたは今回のあなたの人生と向き合ってください。

第2章　あの世のしくみ
肉体の死は、あの世で生きること

1．肉体の死からあの世へ行く

死ぬと、肉体からエネルギーの塊が抜ける

一つの生まれ変わりの物語が終わると、肉体からエネルギーの塊が抜けます。このエネルギーの塊の中には、魂、意識体、高次のエネルギーと、それぞれ役割の違うエネルギーが集まっています。

口から青白く光る玉のようなものがポワッと出たのを見た人や、おなかのあたりから白い煙が噴き出すのを見たという人の話も聞いたことがあります。

友人のベテラン看護師さんは、病院では誰にも言えないけれど、患者さんの身体が白い霧のようなものに包まれだしたら、そろそろお迎えが来ることがわかると言っていました。実は言わないだけ、おおっぴらに言えないだけで、このような体験をしている看護師さんは意外といらっしゃるのかもしれませんね。

幽体離脱と肉体の死、亡くなった方との会話とは

幽体離脱というものがあります。幽体離脱と肉体の死には、決定的な違いがあります。前者は、まだ魂や意識体が肉体と白光りするコードのようなもので繋がっている状態。後者は完全に繋がりが切れてしまうものです。この白光りするコードを肉眼で見ることのできる人はほとんどいません。

肉体から抜け出した直後、魂と意識体が横たわった亡骸の上に煙のような状態で浮かんでいることがあります。この最中に息を吹きかえしたら、自分の肉体を上から見下ろしているような体験ができます。臨死体験をした方の話によく出てくる場面ですね。

また、こんなこともあります。肉体から抜け出し自由に動き回る魂と意識体が、自分の肉体の死を悲しんでいる家族や友人のそばに行っておどけたり、みんながどんな気持ちか何を話しているのかまでわかるのに、自分からしゃべりかけても全く反応がなく、相手に

自分の意思が伝わらないことに愕然とし、その時、ようやく「本当に死んだんだ」と実感する方もいます。

亡くなった人には、生きている人の声が音として聞こえているわけではないのですが、生きている人のオーラと肉体を離れた意識体のエネルギーの重なるところで振動が起き、言葉のようなものが伝わっているのです。

では、その逆はどうかというと、死んだ人から生きている人へは、残念ながら生きている人の潜在意識には伝わっていても、はっきりと知覚できる人はほとんどいません。その代わり、風が吹き抜けた感じや、なんとなく気配を察知し、ハッとそちらを振り向いたり、キョロキョロするようなことはあると思います。

私もお亡くなりになったあの世の方と話をしますが、言葉でおしゃべりをしているわけではありません。音がない会話。テレパシーのようなものです。

私は眉間の下辺りを使ったり、喉の奥、後頭部の斜め上あたりを使ったりします。これは届けたい場所の波動の違いのような気がしますが、正直、完全に自分のコントロールで使いこなしているわけではなく自然に任せている部分が大きいようです。

あの世からの返事をキャッチする時は、全身というか、主に上半身のオーラで受け取るような感じです。情報がじわ〜と浸透してくるというより、受け取る感じです。これはあくまで私のやり方なので、人によって違うかもしれません。ある人は料理が得意、ある人は絵を描くことが得意、私はエネルギーを感じたり霊視が得意。

得意なことは、その人にとって今回の人生で、一番自分を成長させてくれて、しかも表現しやすいツールなのです。

2. あの世とこの世、次元の境界線

あの世とこの世の境にある「次元の境界線」とは

「自動車事故の瞬間、自分の一生を走馬灯のように一瞬で見た」というような話をどこかで聞いた方は少なくないと思います。私があの世の方々に聞いた話でも、どの人も似たようなことを話してくれました。

肉体を離れ、眼下に見える自分の亡骸を見ながら、トンネルのような、または、川のような、とにかく少し長さのある縦長の空間を通り、本格的にこの世からあの世へと違う次元を光速で通り抜けることになります。

「次元の境界線」を抜ける時に見る光景は、その人ならではのものです。生前の宗教観、民

族、人種、住んでいた場所によって死後の光景は人それぞれのようですが、特に、死んだ直後は、不安にさせないために、その人が安心できる光景が繰り広げられるそうです。そして、少しずつ「本当に死んで、ここに戻ってきたのだ」と実感できるようです。

「次元の境界線」を実際に渡って、途中でこの世に引き戻ってこられた人を知っています。友人のお母様ですが、風邪をこじらせ肺炎になり病院に入院していました。入院から3日、高熱の峠を越しましたが、89歳という高齢もあり、肺炎で命を落とす老人も多いから安心はできないということで、友人から一緒に病院に行って欲しいと言われました。

病室に到着し、友人はお母さんに声をかけましたが、無反応で、少し苦しそうな呼吸をしながら、焦点が合っていない目で天井を見ていました。

なんとなくですが、肉体に力がないというか、透明感があるというか、透けているというか、抜け殻というか……、少しあの世の近くに行ってるのかなぁという感じでしたが、いますぐに息を引き取るという感じではありませんでした。

そんな友人のお母さんが突然しゃべり出しました。

友人のお母さん「部屋の隅に誰かきている。ほら、いるでしょ。ほら。」

友人「どこ？　誰？」

友人のお母さん「ほら、見えないの？　挨拶しなさい。」

友人は困っていましたが、私は思わず「死神？」と不謹慎ですが思ってしまいました。私は霊が肉眼ではっきり見えるタイプではありませんが、気配を察知するタイプなので、たしかに部屋の角に2名（2体）静かにおばさんを遠目からじっと見ている（見守っている？）方が立っているのを感じました。

次におばさんは船に乗っていると言いだしました。まさか三途の川？　そんな人に生インタビューをするチャンスも滅多にないので、友人の許可をもらい、ここぞとばかりにいろいろと質問させてもらいました。

おばさんの話しでは、木製の長い屋形船に乗っているそうです。川を渡っていると思いきや、なんと、空中を飛んでいるそうです。しかも、雲の上とかではなく、街中だそうです。ビルの合間や森の木々の間を、ぶつかることなくスイスイ走っているそうです。おばさんが以前に住んでいた町を通った時は、当時同じ町に住んでいた近所のおじさんや、親戚の人がその船に乗り込んできたそうです。

その時、おばさんに乗船を誘われました。「○○おじさんもいるし、近所の○○さんもいるから、あんたも乗りなさい。」

もし、その時乗っていたら、私は一体どうなっていたのでしょうか？　その後もおばさんは知り合いの数名と一緒に日本中をワープしながら船旅をしていました。

私が知りたかったのは、その船は川を渡らないのか？　ということでしたので、質問してみました。

私「おばさん、船なのに川は渡ってないの？」

おばさん「川はまだ渡れないみたい。」

　おばさんの言葉は、いま体験していることを瞬時に伝えてくれているリアルさがあり、聞いている私がイメージできるくらい、どんどんその世界に引き込まれました。私は偶然にも世にも珍しいインタビューをさせてもらえました。

　次に、おばさんは突然カッと目を見開き友人の顔をまじまじと見つめました。そして友人に向かって、近くに来いと手招きしました。どうやら、友人のことを誰か判別できず、でも、どこかでみたような顔であることが不思議でならないようでした。友人に色々質問しながら、洋服のバラの刺繍を褒めたり（実際はバラの刺繍などなく、ただの無地）、ボタンの色を褒めたり（実際は、普通の白色）、きわめつけは、洋服の胸ポケットに書いてある文字がおもしろかったらしく、大笑いしていました。私たちにはおばさんの見えているものが見えないので、何をそんなに笑っているのかを聞いてみたら、
おばさん「ほら、あなたのここに書いてあるじゃない。ご・き・げ・ん。」

　一瞬唖然としましたが、おばさんの言い方があまりにも面白く、病室内にいる人全員で

大きな声で笑ってしまいました。

結果的におばさんは、完全に「次元の境界線」は越えていなかったので、その後すっかり回復し退院しました。その3日間の高熱の間に、もしかしたら生死をわける話し合いが、おばさんとあの世の方々の間であったのではないかという、そんな印象を受けました。船がなかなか川を渡れなかったことにも、何か意味がありそうです。

私はその後、インタビューの続きをしたくて、おばさんに会いにいきましたが、入院中の話をしたらすべて忘れていました。ただ、退院後、2年前にお亡くなりになったご主人が夢に出てきたそうで「まだ、来ちゃだめ」と言ったそうです。

それにしても「ご・き・げ・ん」って、いま思い出しても笑えます。

3. 光のお手伝いさん

死んでから始まる生前のビデオ上映会

「次元の境界線」を越え、死んだことを自覚したら、その次にビデオ上演会があります。その人の一生の体験がビデオテープで再生されるように目の前に広がるのですが、これはただの映像ではなく、その時の感情や思いまでが細かく再現されます。そのため、最後の人生のまとめみたいに、短時間でまた一生を生き直すような感じかもしれません。

肉体の死からこのビデオ上映会も含め、一連の作業にはお手伝いをしてくれる霊や意識体が必ずいます。ここでは、そのサポート係の方々を「光のお手伝いさん」と呼ばせていただきます。この光のお手伝いさんは、私たちがすっかり忘れている「あの世のルール」を思い出させるために必要な情景を見せてくれます。これは現実で、私たちが映画館で作品を観る前に、観覧のルールを画面で見るのと似ていると思います。

ここで初めて前世・過去世との繋がりや、自分がしてしまったことの相手の本音、本心なども知ることとなり、人によっては深く反省したり、逆に良い選択をした自分を誇りに思うこともあるでしょう。

このビデオ上映会の目的は、生まれ変わりの前に、あの世で計画した魂の成長プログラムと実際の結果を照らし合わせる作業です。

霊や意識体があの世へ導くお手伝いをしてくれる

「光のお手伝いさん」は、その道のプロで、人間界における、お医者様や助産師さん、看護師さん、介護士さんのような役目の方々ですが、一人何役というよりは、チーム制です。

ある光のお手伝いさんは、私たちが久しぶりに体験する死の恐怖が和らぐように、すでに亡くなっている大好きなおじいちゃんとか友人の姿を借りて迎えの手配をしてくれたり、肉体と繋がっているコードを切り離してくれたり、そのサポートは多岐にわたり、手取り足取りお手伝いをしてくれます。

お手伝いをしてくれる方々は普段はあの世で自分が望んだ形でいますが、わざわざ私たちのために、私たちがびっくりしないように、地上で最後に会った時の姿になりお手伝いをしてくれることもあります。

このように、あの世ではイメージ力がそのまま自由自在に使えます。

私たちに肉体の死が訪れた時、このお手伝いの方々を人の形として認識できない場合は、光の玉として見えることがあります。何ともいえない愛と優しさを感じさせてくれる光輝く玉なので、人によってはこの光を神様や天使だと思うこともあるようですが、実際はお手伝いの霊や意識体、高次のエネルギーです。

私は生まれ変わりの記憶を何種類か持っていますが、残念ながら光の玉やお手伝いの方々にお世話になった時のことを明確には思い出せません。あまりにも存在が高次なので、肉体の波動との互換作用が働いていないのかもしれませんね。

クライアントさんを通して、あの世の話を聞くたびに、必ず出てくる「光の存在」。その形や働きは、聞いた人によって違いはありますが、間違いなく存在する「光のお手伝いさん」。いまこれを書きながら、その方々への感謝の気持ちがさらにわいてきます。いまの私が死に対する恐怖がないのは、過去、その方々の手厚いサポートで、何回も気持ちよくあの世に行けたからなのかしらなんて思っています。

ほとんどの人は、愛と光に包まれて肉体を離れる

私は仕事柄、クライアントさんが息を引き取る場面に立ち会うことがあります。

Aさんは末期の癌で全身に転移していました。痛みを軽減するためにモルヒネを多量に使用していましたが、そのモルヒネさえも効かなくなってきて、「痛い、痛い」と言い出しました。そんな日が数日続いたので、看病しているご家族は大変辛そうでした。

しかし、その日は苦悶の表情が消えていました。「あっ、もしかしたら誰かお迎えが来たのかも」と、Aさんの安堵した表情から読み取れるほどでした。Aさんの仲良かったお友達、家族がベッドを囲み見守る中、Aさんは「ありがとう」と一言いって息を引き取りました。Aさんの最期の表情は、まるで絵画の聖母のような美しいもので、身体全体がキラキラと光に包まれていました。

どんなに闘病生活が苦しくても、また事故で突然死したとしても、ほとんどの人は愛と

光に包まれて安心と至福を感じながら肉体から離れていきますので、死を怖がる必要はありません。

まれにいますが、この地上への執着心が強く、頑固で光のお手伝いさんの言うことを聞かない人はスムーズにあの世に行かずに、遠回りする場合もあります。これはもったいないことだなぁと感じるのですが、我が身に置き換えた時、もし小さな子どもを置いてあの世に行かなくてはいけなくなったら、子どもから離れたくない一心で、この世に執着する気持ちもわかります。しかし、執着することで、残された子どもに負担をかけると知ったら、あなたはどうしますか？　子どもの将来を明るいものにしてもらうには、親はすっきりと光になってあの世で見守る方がいいのです。

通常は心配せずとも、光となりスムーズにあの世に行けます。

遠回りをしてしまう方々の特徴としては、地上（この世）に残してきた家族や仕事、土地、財産などに強く執着していたり、非常に頑固だったりします。

なんとしても地上に残ろうとしていたり、死に対する極度の恐れや思い込みで、本当は地上よりずっと快適なあの世の生活を拒否するのです。

拒否するとどうなるかというと、あの世とこの世の狭間で、限りなくこの世に近い波動の層に滞在することになります。意識としては、恐怖、焦りといった否定的な感情に苦しみながら長期間挟まっている状態となります。これがいわゆる「地縛霊」と言われる霊になっていきます。

いまの時代はあまり地縛霊の話は聞かなくなりましたが、これは昔は土葬が多く、現代は火葬になってきているからだと思います。土葬は、土地との縁が切り離しづらく、地縛霊になりやすい特徴があります。

4.天国も地獄も自分次第

あの世では、逃げることができない

誰かを恨んだまま死んでいった方は、あの世でその恨んでいる相手が目の前に現れてきます。目をそらしてもそこにいて、後ろを振り向いてもそこにいます。自分が恨みを手放さない限りその人から逃れることはできません。

また、怖れを持ったままあの世に行くと、本当は怖れるものなどないあの世の世界に、次々と自らのネガティブな創造力で怖れるものを生み出し、逃げても逃げても逃げ続けなくてはいけなくなります。これはまるで出口のない迷路のようです。

この一見終わりのない迷路から抜け出すのは、実はとっても簡単です。その人の心が変われぱいいだけです。ただそれだけです。

また、この世とあの世の人間関係には大きな違いがあります。この世では多種多様な、全く自分と考え方が違う人と関わることで価値観が拡がり、固定観念を打ち砕くことができたりします。

明るい性格の人と関わることで、暗い性格だった人間がポジティブ思考になることもあります。好き嫌い、相性が良い悪いがあるとはいえ、この世での人間関係はすべてに意味があり、学びとなるものなのです。

とはいえ、反抗的な子ども、嫌いな上司、仲の悪い夫婦、意地悪な人などなど、この世は大変な人間関係の中にありますが、深刻に考えないようにすることが幸福な人間関係のコツです。なんたって、「自分と違う人」を学ぶ場所がこの世ですから。

あの世はまったく違います。あの世は自分が創り出している世界観、思い込み、波長、波動、それらと共通の部分でのみ、他の人や存在と関わることとなります。

ですから、一度似たもの同士のグループができあがると、意識を変えるのに時間がかかることもあります。

たとえば、戦国時代に戦死した武将が自分たちの創り出した想念の場でいまも戦い続けていることなどはこれにあたります。終わりなき戦いは地獄のようですが、そこで闘う武将たちには、過去も未来もなく、ただひたすら次々と自ら創り出している敵と戦い続けているだけです。

でも、これもある一人の武将がハッと気がついて意識が変われば、その武将の目の前には一瞬で違う世界が広がります。

あの世は、ポジティブにもネガティブにも限界がなく、どこまでも増幅されてしまう特徴があるので、ポジティブなイメージ力を持っている人にとっては、あの世は本当に天国であり、ネガティブな人は自ら地獄を創り出す可能性もあるということです。

とにかく、これらからわかることは、自分はいったいどういう世界でどういう人とどんな風に共にいたいのかを考え、いまから、物事の明るい側面を見つけられるように訓練しながら、イメージ力を強化して、毎日できるだけ機嫌よく過ごすこと。それがこの世でも楽に生きるコツですが、あの世での快適な暮らしにも直接繋がるものです。

必ず今回もあの世へ帰る皆さんへの注意点

1. 光のお手伝いさんの言うことはちゃんと聞くこと。頑固にならないこと。
2. 土葬より火葬にしてもらいましょう。それだけであの世に行きやすくなります。

3. 魂が肉体を離れる直前の心の状態がそのままあの世に反映されるので、せめて直前は気分を切り変えて「最高！」「ありがとう！」で有終の美を飾りましょう。
4. あの世は本来とても快適なところです。快適すぎて人間時間では何千年、何万年もあっという間に過ぎます。あまり長居しすぎても進歩しないので、進化のためにはある程度のところで生まれ変わってください。

5. 自殺すること、自殺した後の記憶

「自殺者が家族にいたら不幸になる」は嘘

正直、自殺について書こうか書くまいか悩みました。自殺した方が身近にいらっしゃる人には辛い記憶を思いださせることになりますし、自殺とは縁遠い人にとっては別に聞きたくもない暗い話と思われるのではないかと思ったからです。また、どのように書いても、関係者の方々からしたら、軽んじているように思われてしまう可能性もあります。

自殺に関して間違った情報で苦しんでいる方もいます。自殺は軽んじて論じるものでは決してありませんが、そのことを一生の足かせや背負った十字架にしなくてもよいのでは

ないかと、私は思っています。

私は仕事柄、家族、親戚の中で自殺をされた方々の話を聞くことがとても多いです。前世・過去世療法では自殺した過去の記憶を思い出す人もいます。

今回書くことにしたのは、お父さんが自殺してから家族が不幸になったと思っているクライアントに出会ったからです。ある人から「自殺者が一人出ると、その家系は男が育たない」とか、「3代は不幸が続く」とか、「末代まで呪われる」と言われた方も多く、その無責任な言葉でその人が一生苦しめられることが耐えられないので、あえて、自殺の項目も書くことにしました。

いったいどこからそんな適当な話が出てきたのかビックリです。もっとビックリなのは、霊能者的なお仕事をしている方、人を導く仕事をしている方や宗教団体が、そういう根も葉もない無責任で希望を奪うような言葉を弱っている人間に言えることです。

百歩譲って、もしその霊能者的な人が実際にそれを霊視したのであれば、それは残念なほど低い波動領域の情報しか受け取れない方だったのでしょう。

たしかに、生まれ変わる前に、あの世である程度の人生の筋書きを自分で作り、中にはチャレンジャーもいて、鼻息荒く「今回は難問を乗り越えるぜ！」みたいなやる気のある魂もいます。過酷な問題を自ら決めてきている人もいます。私がそばにいたら「そんなに無理しなくていいよ」とか「そこまで自分を苦しめなくてもカルマの解消はできるよ」、「1回で完璧なんて無理だよ」と、軽くさとしたくなる人たちもいます。

張り切り過ぎた魂は、あの世での想像とこの世での現実のギャップにはまり、にっちもさっちもいかなくなり、自殺を選択せざるをえなくなる場合があるからです。

どうであれ、今回は自分で決めてきた人生です。自分に与えた人生です。だとしたら、人生で最もしてはいけないことが「自殺」であることは間違いないです。

自殺すると、どうなるか？

私が、あの世の方々から聞いた話、自殺した人がいまどうなっているかのビジョン、自殺した前世・過去世を持っている方とのセッションで学んだことなどを総合すると、自殺はあらゆる側面から考えても、割に合わない選択だとはっきり言えます。

「自殺をしないで本当に良かった」と言える人生にしてください。

過去に自殺を考えたことがある私だから、自殺に追い込まれる人や自殺が頭をよぎる人の気持ちは少しはわかるつもりです。苦悩、絶望、限界、その状況にこれ以上、堪えられないのでしょうが、あの世のルールはシンプルです。地上（この世）にいた時の苦しみ、死ぬ直前の思考や心の状態がそのままあの世に持ち越され、さらに増幅しますので、事態は死んでからも厳しいものになることがあります。

それは言葉では言えないほどの想像を絶する激しい苦しみとなります。なぜなら、ネガティブな感情でそのままあの世に行くと、真っ黒いエネルギーの塊となり、自分から外部は見えませんし、また、助けようとする人やサポーターはたくさんいらっしゃるのですが、その方々とはあまりにも波動が違いすぎて接触が難しいのです。

その後、長い期間、その黒いエネルギーの塊の中で一人、自殺するほど逃げたかった苦悩と絶望を繰り返し体験し続けることになります。

でも、永遠ではありません。どのような自殺者でもいつかは救われます。ゆっくりと暗い低い波動から徐々に浄化し、光を取り戻し、そして生まれ変わることを選択します。

まさか、ここまで書いても、自殺したい方はいらっしゃらないですよね？

または、好奇心でわざとやりたい方もいらっしゃらないですよね？

お願いします。「黒い塊になりたい」なんて、くれぐれも思わないでくださいね。

自殺した過去世のあるTさんの話

実際に前世・過去世療法で自殺した過去が出てきた方（女性Tさん）のお話です。

私とTさんはいつものように、普通に前世・過去世療法に入りました。とくに、自殺の記憶を出そうとか、そんな予感を持っていたわけではありません。

Tさんを誘導していくと、急に嗚咽しはじめました。この時点で、Tさんは過去のどこかの記憶と繋がっています。泣き叫ぶわけではなく、こらえてもこらえきれない悲しみが漏れてしまうような嗚咽でした。私はなぜ泣いているのかを聞きました。どうやらその時のTさんは、戦いで、家も故郷も家族もすべてを失い、失意のどん底にいたようです。何よりの悲しみは、Tさんが「あの人」と呼んでいた最愛の人もお亡くなりになったことだそうです。その時、生き残ったのはたまたま遠出をしていたTさんだけ。この先、生き残っていても意味がないと思い、その場でナイフのようなもので胸を一突きして自殺をしたそうです。

通常は、ここで一つの物語の終わりとなる場面ですが、Tさんの場合は、この後非常に珍しいことがおきました。胸を一突きしても、すぐに息が止まるわけではなく、ゆっくりと意識が遠のいていったそうです。その間、最愛の人が目の前に出てきて、悲しげだけど、怖い、怒った顔で無言のままTさんを見ていたそうです。

Tさん「上も下も横もないような、不思議なトンネルのようなところを通っている最中に、私、重大なことに気がついたんです。自分で計画した人生を途中で放棄したのだと。」

Tさんは、あまりにも辛く衝動的に自殺をしてしまいましたが、トンネルのようなところを通っている間に気持ちが落ち着いて、自殺したことを後悔したそうです。さらにこんなことも言っていました。

Tさん「今ははっきり言えます。自殺したらだめです。どんなに辛くても……。自殺する時の人間は正常ではありません。自分が最悪な選択、何があっても最も選んではいけないものに惹かれているのだとさえ気がつきません。あっ、でも、一人ひとりの人生の計画や状況が違うので、私が絶対とは言えませんが……。」

Tさんは、この後も、肉体を持っている時には考えたこともないような、また、知る由もないような話をしてくれました。

一般的には、自殺した本人はあの世でも不幸になると言われています。たしかに、ある一定の期間は、自らが作り出した苦しみや後悔の念に囚われ、逃げられないけれど、残された家族が不幸になることはありえないということでした。ただその中で、似たような気質の人は強い影響を受け、自殺の衝動にかられることもあるかもしれない。ひとつの家族で2名、3名と自殺者が出ると呪われた血だとか言われるけれど、家族といっても、本来は一人ひとりの魂の学びの場なので、そのように、呪われた血というものは最初からないとのこと。

さて、Tさんの過去で自殺したその記憶の人は、今、どこにいるのでしょう？　自殺に至るまでの場面、息を引き取る直前、トンネルのようなところと、この移動している範囲も、前世療法ではとても珍しかったので、私は興味深々で、今はどこにいて何をしているのかを聞いてみたところ、「もうトンネルみたいなところは抜けて、静かな孤独な灰色の卵の中のようなところです。ここはとても静かなところです。私はここで少し反省します」と答えてくれました。

以上がTさんとのセッションの内容ですが、今までに出会った、Tさん以外の自殺の前世・過去世を持つ方との話を合わせると、通常は、あの世に行ったら光輝くサポーター、お世話係、お手伝いの方が、お出迎えから始まり、その他、久しぶりのあの世で困らないようにとこまごまとお世話をしてくれるそうです。自殺者には、残念ながらお出迎えがなく、暗く寂しい、ちょっと寒いところに置いておかれるようです。

自殺と一言でいっても、理由は人それぞれです。Tさんのように、愛する人を失った悲しみで後追い自殺をする人もあれば、あれこれ辛く、もう生きる気力がなくなったという人もいるでしょう。昔の日本人なら切腹した人も多いです。自殺した人の中には、まれにその理由により情状酌量が行われ、すぐに生まれ変わる人もいますが、自殺はどのような理由であれ「最善の選択ではない」ことは明らかです。

とはいえ、人間とは不思議なもので、ここまでの話を聞いて「自殺は損どころか、したらいまより苦しむならやめよう」と自殺を思いとどまってくれる人もいれば、「自殺してもいつかはまた生まれ変われるならしてみよう」と考える人もいるでしょう。

もちろん、私は、いま自殺したいほど苦しんでいる人を一人でも思いとどまらせたくて、これを書いています。

自殺できなかったLさんの話

数々の体験を聞いていると、前世・過去世の記憶があるというだけでもびっくりしますが、中には、びっくりするような体験談を聞くこともあります。

「どうせ生まれ変われるなら、自殺を試してみよう」と思った人、Lさんが実際に私のクライアントにいました。その方の話を、最後にご紹介しますね。

Lさんと前世・過去世療法をした時に、インドの修行僧の記憶を持っていることがわかりました。そのインドの修行僧時代のLさんは不真面目で、ほら吹きで、師匠からはいつも怒られ、後輩からは馬鹿にされていたようです。

Lさんは、インド哲学の教えでも自殺はいけないことだと知っていたのに、どうせ生まれ変われるんだからと自殺を図ったそうです。「やったー、俺は死んだぞ!」と思った瞬間、あの世にいるはずのない師匠が突然あらわれて、こっぴどくLさんを叱ったそうです。「おまえに自殺はさせないぞ。生きて修行だ！」Lさんは、「でも、もう死んだも〜ん」とのんきにしていたら、死んだはずの身体なのに痛みを感じてきて、気がついたら地上で息を吹き返していたそうです。

このようにあまりにも命を軽視するような自殺の場合、神から直接というより、指導役の存在や、あの世の入り口で待っている光のお手伝いさんに、死を断られるケースも稀にあるのだと知りました。Lさんの場合は、その当時の師匠が彼の霊的な指導役でもあったので、師匠のエネルギー体がLさんを地上に引き戻したのでしょう。

第3章 誕生のしくみ

1．魂の誕生

宇宙や人間についての謎が解明される前世・過去世療法

私たち人間が魂の存在であるということは誰もが知っていることですが、魂の勉強を学校でした覚えはありません。人ならみんな知っているからこそ、魂の勉強は必要なかったのでしょうか？　それとも説明するには複雑すぎるのでしょうか？　誰か魂のことを詳しく説明できる人はいるのでしょうか？

私は偶然から魂のしくみを知ることができました。

これから書くことは、私が直接体験したことではありませんが、多くの人たちの協力を得て、魂について知り得たことです。その人たちの話してくれた体験談は非常に神秘的で、研究してもし尽くすことがないほど謎に満ちています。

私独自の前世・過去世療法ができ上がりつつあった時、その可能性を知りたくて、私は感性の鋭い友人やお客様にたびたび実験台になってもらうことがありました。やるたびに、宇宙や人間についての謎が解明され、毎回新鮮な驚きがありました。やればやるほど奥が深く、きりがないとも言えます。一つの謎が解けると、同時に次の新しい謎が浮上してくるといった、まるで宇宙物理学者にでもなったかのような、きりのない探求の道を歩き始めました。

また、実験に協力してくださったたくさんの方々の過去世の記憶を聞かせていただくたびに、すべては完璧で、すべてに意味があるのだとあらためて思い知らされ、心のどこかでずっと否定していた自分の人生をも受け入れることもできました。

霊能者として人々の前世・過去世に触れることを小さい時から仕事にしてきた私ですが、仕事にしてきたからこそ、持って生まれた能力をうまく使いこなせずにずっと苦しみ、現実の体験と宇宙からのメッセージに矛盾と葛藤を抱えたまま大人になってきたからです。

地球外生命体だったMちゃんの話

その日は、前世・過去世療法をやるたびに、毎回おもしろい場面が出てくるMちゃんとの実験です。前回の実験ではこんな記憶が出てきました。

Mちゃんが地球外生命体だった時のことです。何かの理由で住んでいた星から急に脱出しなくてはならず、仲間、家族とちりぢりばらばらになってしまい、広大な宇宙を一人乗りの宇宙船のようなものに乗り、あてもなく漂っていたそうです。

Mちゃんはその時の自分（地球外生命体）と実験中に目が合ってしまい（本人は目は閉じている）、その瞬間「この人（地球外生命体の時のMちゃん）はこのあと消滅するんだ」と察したそうです。その時のMちゃんの孤独感が伝わってきて、だから、にぎやかそうな地球の人間になろうと決めたのだろうと、その理由がわかったそうです。

Mちゃんのように地球以外の他の惑星での、人間ではない時の記憶を持っている人もいれば、動植物、鉱物に意識体が繋がっていた時の記憶があったり、人によっては何百、何千回と人間を繰り返し生まれ変わる人もいますから、実験はきりがないといえばきりがありません。

ですから、ある程度こちら側で知りたいことを絞って質問や誘導をしていくことで、知りたいことの情報を早く得ることができます。また、きりがないからこそ、一人ひとり、一つひとつの実験が毎回異なり、知ることにも終わりがありません。

共通する部分があったとしても、一人ひとり全く別の、その人オリジナルの経験しかないという驚愕の事実は、神だからこそできるクリエイションなのだと感服します。

注：動植物、鉱物は人間に直接生まれ変わることはありません。しかし、意識体がそれらの動植物や鉱物に繋がることがあるため、あたかも自分が以前、動物だったと記憶してしまうことがあります。動物は動物のシステムの中での生まれ変わりがあるだけです。

魂が誕生する瞬間

その日もいつものようにMちゃんは、セッションベッドの上で横になり、呼吸を整えながらリラックスをしていました。より深い記憶を探りたいので、脳の活性化と潜在意識の扉が開きやすいように少し香り（精油、主にフランキンセンス）を使いました。

その日の私の知りたいテーマは「Mちゃんが初めて人間になった時のこと」でした。Mちゃんとの過去の実験では、Mちゃんが地球外生命体だった時の姿も垣間見ることができたり、毎回何が出てくるのかワクワクです。見せてくれたといっても、もちろん肉眼で見えるわけではありません。Mちゃんがセッション中に過去の記憶を思い出しながら追体験していることの波動場に私が入っていき、一緒に体感している感じですが、この日はなんとも貴重な「魂誕生」の場面に遭遇できました。

そこでMちゃんが見ていたものは、大きな雲のようなものが一つでした。Mちゃんがどこからどんな姿でそれを見ているのかは、その時はまだわかっていないようでした。

その雲のようなものは静電気の塊のようで、線香花火のようなパチパチしている火花みたいなものが雲からはじけているそうです。パチパチしながら小さな餅のようなものが飛び出していて、その雲の真ん中あたりにある大きな餅からちぎられているような状態だったそうです。この時、Mちゃんは、自分がちぎられた小さな餅のようなものの一つだと気がついたそうです。

その小さな餅のようなものは、透明のベルトコンベアーか、空港にある動く歩道のようなものに並べられて、流れながら運ばれていくと、柔らかい雰囲気の部屋に到着したそうです。その部屋は入っただけで気持ちよく、部屋いっぱいに蚕みたいな卵がいっぱいあったそうです。その部屋はイメージで言うとお母さんのお腹の中、つまり、子宮のような感じだったそうです。

この部屋に入り、部屋いっぱいにある蚕の卵みたいなものを見ていたら、それが魂なのではないかと感じたそうです。その時の印象をMちゃんはこんな風に説明してくれました。

Mちゃん「魂を客観的に見るのは初めてだし、今自分が魂なのか？　と聞かれたら絶対そうとは言えないけれど。言葉にはできませんが、魂が生まれ育てられているところを体験しているのだと思います。」

そのほかには、魂には地球内で生まれ代わりを繰り返す者の魂システムと地球外の恒星系から来ている存在の独自の魂システムがあるようで、Mちゃんはどうやら、後者の地球外生命体の転生システムに則った魂の生まれ変わりを体験している最中でした。地球で肉体を持って滞在するには、どうしても魂が必要なようです。江戸時代に関所を通る際に必要だった通行手形のようなものでしょうか。

このように、この時のMちゃんとの実験では、Mちゃんが初めて人間になる以前の魂の誕生のことがわかりました。さらには地球外生命体と人間の魂のシステムが違うということまで判明したり、初耳なことばかりで大興奮でした。

魂が誕生する瞬間という想像もしていなかった貴重な場面の話が聞けたことは、ある意味、前世・過去世療法の究極ではないかとさえ感じました。

魂の生まれる場所は生命力そのものでありながら、穏やかで愛と光と優しさに満ち溢れた空間だったと言ってました。

私が人間になる時にいただいた魂もそこから生まれてきたのだと思うと、魂を大切にしなければいけないと心から思いました。

その後もたくさんの方が実験台になってくれましたが、さすがに魂誕生の記憶を持っている人は珍しく（本当はすべての人が持っていてもおかしくないのですが、表現できるほど記憶と繋がらない）、Mちゃんはじめ、数少ない魂の誕生の記憶を持った方々との実験結果をまとめてみました（ここでは人間の魂のことです）。

人間の魂ができるとき

魂の元は神エネルギーです。神エネルギーって何か覚えていますか？「第1章　生まれ変わりのしくみ　前世・過去世について」に、簡単に定義付けした「神」についてはこんな感じで書きました。

「神」：唯一、生命の源、どこまでも広くいっぱいに満ちている無限のエネルギー、すべての中に存在するエネルギー、意識そのもの

魂は生命の塊であり、魂は意識の塊です。魂は無限をぎゅっと凝縮したようなものであり、これらのすべてです。

「ということは、魂って神？」気付いてしまったあなたはするどい！　とはいえ、魂＝神

とは言えませんし、クローンでもない。そう、魂とは、どんなにちぎっても減らない神のエネルギーを分けてもらったようなものです。分けても分けても減らないし、さらに、その分けてもらった一つひとつの魂はどれ一つとっても同じものがないのです。

人間の魂の作られ方は、このような手順です。

まず、神エネルギーが渦をつくりながら集まって、一つの大きな雲のようなものを作ります。イメージして欲しいのは、綿アメ。ウイ～ンと振動しながら回転する機械にザラメを入れると、魔法みたいにザラメが糸状の綿アメに変身して、ブワ～とどんどんどんどん作られて、増える増える。それをくるくるっと巻いていくとフワフワの綿アメ完成！

魂の作られ方は、驚くほど綿アメに似ているんです。

ザラメが神エネルギー。綿アメを作る機械が宇宙の魂の製造所。ザラメが溶け出し回転（渦）を作りながら糸状になって、どんどんくるくる綿アメが増えていく感じです。

次に、その中でポップコーンみたいにはじけながら、雲の一部がニュッと隆起しだして、ポコッと玉が落ちる。それが真珠のような輝きを持つ「新しい魂」の誕生です。

綿アメとポップコーン！　なんだか魂って可愛くて美味しそうですね。

この作業は、あの世とは別の場所（実際は場所という概念はないし、区分けされていないのですが）で、強力な生命体そのもののようなエネルギーの集合体に包まれて行われているようです。

協力してくださった方々の記憶で共通するものを表現すると、その場所はまるでお母さんの子宮のようでしたが、もちろん肉や筋肉のような物質ではなく、極微粒子が集まってできた雲としかいいようのない柔らかい集合体です。それはなんともいえない心地よい動きとリズムがあり、そのもの自体に色がついている感じではありませんが、全体的にオレンジと金が混ざったような神々しい色味のエネルギーのようです。

ある程度、玉が集まったら、動くテーブルのような、ベルトコンベアーのようなもので流されていくところが数箇所あるようです。一つが私たちが「あの世」と呼んでいる生まれ変わりと生まれ変わりの間の世界（中間世、アストラル界と呼ばれることがある）です。

Mちゃんの言っていた人間の魂とは別に作られる地球外生命体の魂は、また別の地球外生命体専用の場所に運ばれて行くようです。

次に「新しい魂」は、「目覚めの儀式」のようなことをされます。生まれたての魂専門の保母さんのような存在に大切に抱きかかえられながら絹のような光るエネルギーで磨かれて、いい子いい子されながら徐々に愛と智恵が目覚めていくそうです。面白いですね。魂も人間もいい子いい子、優しくされて成長するのは一緒なんですね。

この段階ではまだ目覚めただけなので、きょとんとしている状態ですが、「あれ？　私？

誰？」みたいな感じで、ゆっくり自分に気がつきます。この時点でもある程度の個性のようなものが神から分けられていますが、まだボ～っとしています。

次に、さらに魂のエンジンのようなものを高めるために、ぎゅっと抱きしめながら高波動の振動を与えます。ぎゅ～と抱きしめた後のその魂は輪郭も明確にすっきりしたしっかり者になるそうです。

生まれ変わりを終え、あの世に戻った魂は一通りのやることをやってから（第2章　あの世のしくみ参照）、魂を休息させ、癒し、一息ついたら自己評価し、必要な部分の修復や磨き直しをして魂を回復させます。

地球で経験するのは、喜びや楽しいことだけではありません。痛みや辛さのダメージも受けるので、回復が必要です。そして、次の人生のための計画や勉強をしはじめますが、その勉強は独学の時もあれば家庭教師がいる時もあり、ソウルグループで集団で勉強する時もあります。

もちろん、勉強ばかりをしているわけではなく、好きな時に好きなだけ余暇もとれます。

あの世はすべて自分次第、自分のイメージ次第なので、時間配分（実際は時間はない）も自由です。余暇には仲間や愛する人たちと時間を過ごすことが多いようです。

魂といっても新品の魂と生まれ変わりの魂では、このように取り扱い方法が違います。生まれ変わりの魂はリサイクルのような、リセットのようなことをして準備万端、地球に戻る（生まれ変わる）その日を待ちます。

あなたの魂も、あの世で今回の人生の計画をし、ある程度のあらすじを作りました。あの世では関係者とのミーティングがあり、計画作りもスムーズです。

肉体に魂が宿ってから肉体を離れるまでのイメージも、あの世では完璧だと思います。多少過酷な悲劇を設定しても「このくらいなら大丈夫だろう」と思ったはずです。しかし、この世で身体と心を使って毎日生活するのは大変です。生まれ変わりのたびに、どれだけ人間界が大変かわかっていたはずなのに、あの世に帰るとすっかり忘れてしまうんです。

このように、この世は誰にとっても「自らが課した学びの場」なので、楽しいだけではいられませんが、かといって、苦しいだけではありません。それは皆さんも十分わかっていると思います。この世は、また生まれ変わりたいと思えるほど魅力満載なのです。

2. 人間の誕生

魂が肉体を選ぶ

人間の誕生は、まず魂ありきです。あの世で生まれ変わりの準備を整えた魂が、特定の肉体へ繋がる時期はさまざまです。この時期は本当にまちまちなのですが、50年～100年での生まれ変わりが多いように思います。どうしても急ぎの用がある場合、緊急の場合などは10～20年というものもありました。最近は20年前よりも早い生まれ変わりが多くなってきたと感じます。その理由としては、あくまで私の感覚ですが、パソコンや医療と同じように、過去からの膨大なデータが集まってきたことで、進化が早くなったのではないかと思っています。

魂によって違うのは、生まれ変わりの時期やタイミングだけではありません。親を決めることについても違っています。先に親を決める場合と、生まれ変わりの目的にぴったりの肉体を見つけたらその親だったという場合もあります。

前世・過去世で家族だった魂同士は、何回も縁を持つことがあります。それは肉体の遺伝子が家族間で似ているので、先祖が子孫の中の一人として生まれてくるときなど、都合が良い場合があります。どうであれ、魂が肉体を選ぶ時は、必ずそこに個人の魂の成長のみならず、宇宙全体の成長やカルマの清算、また他の魂との約束などを果たすために決めるので間違いはありません。

では、肉体が決まったらいつ魂がそこに繋がるのか？

この問いに対する答えは、前世療法の専門家によって多少の差がありますが、総合し平均すると、受精時から3か月前後が多いようです。私の実験と感覚では、受精時とお答えしたいです。それは、精子と卵子がドッキングし受精する時に起こる、極微量の電子信号的な磁気、または静電気のようなものが作用していると考えるからです。

受精卵に繋がった魂は、お互いの情報を交換しながら肉体を成長させていきます。魂はそもそも外見の特徴は持っていませんから、親の顔や性格が子どもに似るのは、この情報交換の時です。

また、いくら肉体を持っても、この宇宙の中に存在している限り、宇宙エネルギーと分離できるわけはありませんから、肉体と宇宙エネルギーの間にはオーラの層が何層にもあり、肉体と宇宙エネルギーを繋げています。

受精卵と魂の情報は、お互い同士だけにとどまらず、肉体に一番近いオーラから一番遠いオーラにまでその情報は電磁気情報のように記録されながら広がります。

たとえるなら、空のＣＤ（受精卵）に、元となる音源や動画が入力されているマスターテープ（魂）をデジタル情報で記録させ、さらにどんどんＣＤを複写して世に広げる感じです。最近はCDもただのCDではなく光ディスクになってきているので、さらに受精卵と魂の情報の電磁気情報のやりとりに近くなっていると思います。

スペシャルな体験をしたい魂は、先天的な障害を選ぶ

時折、この肉体の成長過程で、この世で先天的な障害をもつこともありますが、これらは決して間違いが起きたわけではありません。

霊能者や占い師等のお仕事をしている方から「前世で悪いことをしたから、その罰」と言われた方もいますが、罰や呪いはありえません。

そのような肉体をもつことでスペシャルな体験をしたい魂が、最初からあの世で自分で計画している場合もあります。そんな人は、考えれば考えるほどすごい人たちだと思います。そもそも、あの世に比べて制約やらルール、偏見もあり不自由なこの地球に、さらに過酷な肉体の負荷をかけて誕生する魂なのですから。

自ら肉体の負荷をかけて魂の成長を遂げたのではないかと思う人たちがいます。

まずは、ルードヴィッヒ・ベートーヴェン。何より聴覚が大事であろう作曲家なのに、これからという時に難聴になり、さらには、完全に耳が聞こえなくなってから交響曲第9番まで作りました。画家のロートレック、理論物理学者のスティーブン・ホーキング、また

小さな子どもたちも知っている三重苦（聴覚、視力、言葉を失う）のヘレン・ケラーもそうです。ヘレン・ケラーも自分の身体や人生を悲観していましたが、アン・サリバン先生との出会いにより考え方を変え人生が開け、大人になってからは身体障害者の教育、福祉に尽くしました。

もし、何も知らずに、これらの障害をもつ人たちに対して馬鹿にするような愛のない接し方をしたり、また、せっかく大きな能力と大きな目的を持って生まれてきたのに、その力を自分のためだけに使ったり何ものにも役立たせることがなかった場合、次の生まれ変わりでは自らが身体に障害をもちカルマのバランスをとることがあります。それはもちろん神の罰とかあの世の閻魔様の仕業ではありません。あくまで、反省と成長のために、自らそのような生まれ変わりを設定するのです。

本来の自然法則が働くところには、処罰や命令は一切ありません。あの世に帰った時に、自らが自らの魂の成長のために身体障害を選択する場合があるだけです。

また、自分のカルマのバランスや清算のためではなくても、その家庭やその親のカルマの清算のために、あえて自ら障害のある肉体をもち、両親が愛を学びやすいようにしてくれる場合もあります。

「天国のT君、ありがとう。」

私のクライアントさんにこのようなことがありました。

私は、その出来事を一生忘れることはできません。

その女性は重度の発達障害のわが子を愛せない苦しみで、私のカウンセリングにたびたび来られていました。発達障害と診断されたのは、その子が5歳の時でした。その頃はまだ他の子との差も気にならないくらいでしたが、子どもが成長するたびに勉強や運動に差が出てきて、小学校では特別支援学級に入ることとなりました。

もともとその子のお母さんは高学歴を好む人で、ご主人も本人も高学歴の家系で育ちました。ご主人は弁護士です。ゆえに、高学歴の自分とご主人との間に発達障害の子どもが生まれたことがどうしても受け入れがたかったのと、ご主人のご両親に「その子の障害はうちの遺伝ではなく、あなたに問題があったのではないか?」と言われ、深く傷ついていました。仕事で昼夜忙しいご主人は子育てを手伝ってくれる時間もなく、毎日一人で子育てに追われていました。

ある時、そんな母子に不幸が起きました。乗用車を運転している時、玉突き事故に巻き込まれ、母子が乗っていた車が前後の車両につぶされてしまったのです。母子は救急で病院に運ばれましたが、残念ながらお子さんの命は助けることができませんでした。

悲惨な事故の話は人づてに聞いていました。

それから数か月が経ち、その女性と話す機会がもてました。泣きながらお子さんが生まれた日のことから、心境の変化まで、ゆっくり一言一言想いを込めて話をしてくれました。さらに、事故のニュースだけでは知ることができなかった車内での出来事を聞き、私は込み上げる感情を抑えることはできず、その女性と二人で声を出して泣きました。

事故が起きた瞬間から数分、お子さんにはまだ命があったそうです。お互いに身体が車体に挟まり動くことはできなかったそうですが、お互いの安否を確認し、言葉を交わし、一生懸命励まし合ったそうです。徐々に息苦しくなり、もしかしたらこれが最期なのかもと思い、「今まで、良いママでなくてごめんね」と懺悔の気持ちを素直に伝えたそうです。それに対して、「僕はママのことずっと大好きだから大丈夫だよ」という答えが返ってきたそうです。その言葉を聞いた時、今までの自分がはまっていた狭い常識により、他の子どもと比べ、自分の子どもを恥ずかしいと思っていた自分こそが恥ずかしい存在であり、この子の方が自分より大人で、ずっと愛をくれていたのだと悟ったそうです。

その時初めて、「ママの子どもになってくれて、ありがとう」と言えたそうです。

その後もお子さんは自分のことではなく、車中でもずっとお母さんの心配をし、何度も

「ママ、大丈夫？　ママ、大丈夫？」と声を掛けてくれたそうですが、やがて声が途切れ途切れになり、そのまま聞こえなくなったそうです。「Tちゃん、Tちゃん、Tちゃん！」Tちゃんからの返事はもうありませんでした。

その事故はだいぶ前の出来事ですが、まるで昨日のことのように思い出され、この原稿を書いている今も、タオルが涙でぐしょぐしょになっています。

結果的に、お子さんは天国に行ってしまいましたが、もしかしたら最初からそれを計画してきた魂かもしれません。命の時期だけは操作のしようもありませんが、その子からもらった大きな大きな愛により、その女性とご主人は人として、また個の魂としても素晴らしい成長ができたことと思います。

この母子に出会うことができたことで、当時、まだまだ愛に不信を持っていた私にも大きな変化がありました。T君はお母さんだけでなく、家族にも、そして他人の私にも無償の愛を教えてくれました。

「天国のT君、ありがとう。」

肉体の誕生は、受精卵から始まる

肉体の誕生とは、まず、あの世で決めた両親の受精卵に魂が、磁石のような磁気作用が働き繋がります。そして、今回の人生に必要な情報を受精卵に電子信号で送ります。それを記録させながら肉体を成長させていくのです。必要な情報とは、あの世で決めた今回の人生の課題に最も適した性格、性質、方向性、趣味、特技などです。

お母さんのお腹の中では当たり前ですが、出産後数年たっても、言葉を話す前には、あの世や想念宇宙、生まれ変わりのことを覚えている子どもたちがほとんどです。それを言葉で表現することができないだけで、真実は、すべて計画を忘れてしまっている大人がびっくりするような意識レベルなのです。

第4章

人間のしくみ

1. 人間ってなんだろう？　私って誰？

全人類の中に入っている神の意識「愛と進化」

ここまで読み進めてくださった皆様なら、すでに人間の本質がなんとなくわかってきているのではないでしょうか？

肉体を人間と呼んでいるわけではありませんね。感情が人間でもありません。かといって、魂イコール人間ではありません。

最初に、神在り。

神とは意識そのものです。

意識そのものとは、形がなく変幻自在のエネルギーであり、宇宙のすべての出来事を生じさせている源という意味です。すべての源だから神なのです。

この意識を数字で表現すると1ではなく0という感じが近いかもしれません。

数字は1から始まるとつい思いがちですが、1は0がなかったら生まれることはできませんでした。つまり、数字の源は0ということになります。

つい私たちは、「私の意識」というように意識を自分の物のように思っていますが、真実は、神の意識が私たち一人ひとりの個体の中で表現されているだけです。その意識とは「愛と進化」です。

「愛と進化」は全人類の中に入っていますが、「愛と進化」の意識を持てるまでは、「私の意識」は「私だけの勝手な意識」になっていることが多いでしょう。自分さえよければいいとか、自己中心で自分勝手な意識です。だからと言って、それが悪いとは言いきれません。なぜなら、やがて愛と進化を学ぶ時が必ず目の前にやってくるからです。

私たち人類は全員一人残らず源から生まれているので、当然共通のエネルギーを持っています。しかし、ここが神の創造の妙味なのですが、人間は一人ひとり個体が違い、個性も違い、生まれ変わりの際に学ぶことも違うので、同じテーマであるはずの「愛と進化」

なのに、人によって表現がまったく違うのです。

たとえば、愛一つとっても、純愛もあれば、略奪愛もある。不倫愛もあります。また、愛の裏切りもあれば、永遠の愛や無償の愛もあります。どれが良いとか悪いとか、その瞬間だけを切り取ってジャッジはできませんが、少なくともどんな愛であっても、その人が愛を学んでいるのは確かなのです。

神はなぜ宇宙を創造したのか？

神の意識は、まず精神宇宙という場を作りました。これは目で見えません。精神宇宙は神の愛と進化のエネルギー場です。

次に、精神宇宙は物質宇宙を作りました。その始まりは皆さんご存知のビッグバンです。つまり、ビッグバンは宇宙の始まりではなく、あくまで物質宇宙の始まりだったのです。

本当の宇宙の始まりとは、ビッグバンより前にすでにあり、神の意識が宇宙を創造しようと思った瞬間から始まったのです。

なぜ神は物質宇宙を創ったのだろう？　と思いませんか？

神は完璧なはずだから、最初から何か目的があっての宇宙創造？

それとも、愛と進化の表現場所が欲しかっただけ？

私が長年この仕事を通して感じてきた神は、何かを願うとか、何かをしたいという理由があって物質宇宙を創造したのではなく、とにかくどうであれ、そういう志向、癖（へき）、性分、嗜好なのではないかと思います。

私「なぜ、神はそのようなことをなさるのですか？」

神「なぜって、神だから。」

という、感じです。

なので、神がなぜ宇宙を創造したのか？　の根本的な理由は、理由などなく、

・そういう性分

・気がついたら創造していたから、進化させてみた

・神自らの成長を測るためには自分だけでは難しかったから

・そうしたかったから

こんな風に書いたら、何だか神はわがままで自分勝手な自己中心型の性格で知らない間に他人を巻き込むようなタイプだと、私が文句を言ってるように聞こえるかもしれませんね。決して文句を言っているわけではないので、そこは誤解のないようにお願いします。

確かに、ただの自分勝手な人を巻き込むだけの存在を信頼することはできそうもありません。神のやることは、すぐには答えが見えない、出ないことばかりですが、なんという

か、やはり結果的には「さすが神」と思えることばかりです。結局、すべての向かう先が「愛と進化」だから、私たちもさまざまな困難の中にも喜びや楽しさを感じることができ、想像もつかない神の実験についていけているのだと思います
神が愛と進化なら、当然その意識が私の中にも最初からプログラムされているので、どうせ逃げられないし、逃げられないなら先に進むしかない！

これこそ、田中小梅のやぶれかぶれの進化論です。

まだまだ創造は続きます。

ビッグバンから始まった物質宇宙の中に地球が誕生しました。もちろん、この地球も何かの願いが込められているのではなく、創造してしまったのだと思いますが……。

地球誕生後、そこに生まれた小さな生命は、アミノ酸、細菌からはじまり、植物、動物へとある一定の進化を遂げました。

その中に人間の祖先と言われている類人猿もいるのですが、厳密には類人猿も元をたどれば細菌からの進化だし、細菌も元をたどれば、ビッグバンの星の爆発物から生まれたものなので、人間の肉体はそもそも物質宇宙の素材でできているわけです。

なぜ類人猿から人間に進化したのか？

では、次の謎です。

なぜ類人猿から人間に進化したのか？

ここからは神に問いかけながら、また、私が神ならどうするか？　と考えながら出た答えです。

神が愛と進化を推進するには、類人猿の肉体や脳が一番コントロールしやすかったり、また、進化しやすい形態だと思ったのではないでしょうか？

消去法でいくと、植物では足がないのでどこにも動けないから不便で、種も風任せですし、また、四足の動物のままだと運動能力に限界がありそうです。長時間二本足で立てないから手指の発達もなさそうですし。

もちろん、神はすべての生命、たとえれば小さな小さなミジンコから超巨大生物にまで、その進化のプログラムを入れてはいますが（それが性分だから）、その中でいろいろ試した結果、類人猿を人間に進化させたのだと思います。

もし、神が独り言を言ったならこんな感じではないでしょうか？

神「よ～し、いろいろ試したけど、一番面白そうな肉体は類人猿だなぁ。象の鼻もキリンの首も長く進化させて面白かったけど、これ以上長くするとこんがらかりそうだしなぁ。一度こんがらかると、結び目をほどくのに大変だしなぁ。小さいのにすると、目が届かないしなぁ。うん。やっぱり肉体は類人猿。そこに私（神）の意識（体）を繋げて準備完了！」

意識体とは精神宇宙の成分である意識が個別になった感じのものであり、この個別になったものは私たちが俗に「魂」と呼んでいるものです。

類人猿から進化を遂げた人間は、誕生から死までの一通りの人生で得た学びを、次の生まれ変わりの人生にも活かすことができ、学びながら成長することで知能が発達していきました。

一言で人間を語るとするなら、私は、「類人猿から進化させた肉体に、神の意識（愛と進化）を繋げ、地球で愛と進化を表現する存在だ」と説明したいです。

インドの古代聖典にもこのように、少し似た言葉が残されています。

「人間とは、最高の神と最低の物質が、智慧によって結び付けられた存在である。」

「私は何者なのか？」

では、さらに突っ込んで考えたいです。

「私」とは何でしょうか？　誰でしょうか？　あなたは誰？

「私」を一緒に探してみましょう。

私は物心ついた時に、自分が人間の子どもであることに違和感がありました。人間の子どもというか、人間であることにも、この身体にも、ましてや、意識はとても大人な感じなのに、身体が小さくてちぐはぐな感じだったのです。

仲の良い友人に性同一性障害の子がいるのですが、その子も「物心ついた時に、自分の身体におちんちんがついていたことに違和感があった」と言っていました。

その違和感。とっても理解できました。

結局、その友達も私も、肉体はどうであれ、「私は私だ」と納得できた時、この違和感は気にならなくなりました。もちろん、意識を肉体に戻せば未だに違和感はありますが、意識を「私」に戻せば気にならなくなります。

「私が何者であるのか？」を知ることは、ある意味究極の悟りです。

どの人にも、物心ついた時にはすでに「私」という感覚が芽生えているので、「私が何者であるのか？」と自問することはある程度の意識の発達と何らかの気づきや疑問が起きないと考えることはあまりないかもしれません。かといって、その問いが出たとしても、すぐにその答えが見つかるものではありません。

両親の子どもである私も私です。肉体の私も私です。先祖の子孫である私も私です。この感情も私です。生まれた時から私です。でも、これらはすべて私の一側面であり、私のすべてではありません。

悟りとは、個人的な体験

仏教の「悟り」「解脱」、キリスト教の「聖霊が降りる」という言葉の意味は、神の意識から創造された人間が肉体という固体を持ち、それぞれの人生を生きながら、自分が宇宙の精神宇宙そのものであることを自覚することだそうです。

「悟り」「解脱」「聖霊が降りる」など、宗教が違い言葉も違いますが、これらはすべての答えを持ち、あらゆる人間界の問題をクリアにすることであり、自分が神の分身であることを思い出すことでもあり、自分の中にある神の意識と、自ら確信を持って繋がることでもあります。

私を知ることが悟りなら、私を知ることができれば、複雑で問題だらけのように感じてきた大変なこの世を明るく捉えることができるようになります。

ひとことで言えば、「いつも幸せ」でいられます。

悟りとは、あくまで個人的な体験であり、本に悟り方や悟りの答え等が書いてあったとしても、それはきっかけでしかなく、悟りとはその人にしかわからない、また、その人だけに意味のあることであったりします。

さらに、悟り体験は同じように悟った人にしか理解できないものであり、どんなにていねいに説明しても他人に理解させることは難しいものです。

逆に、すでに悟り体験をしている方には説明する必要はまったくありません。

私とは、この宇宙を創造している神そのもの、大いなる生命そのものです。

これは一人ひとりのタイミングが来た時に意識の体験として知ることであり、知識で知ることではありません。この世は欲しい物はお金を出せばほとんどが買えますが、悟りだけはその人の内部で起こることなので、外側からのいかなる刺激にも影響されず、大金を出しても得ることができない貴重な体験です。

私を知るプチ悟り体験をしよう

では、ここでほんのさわりですが、「私を知るプチ悟り体験」をしてみましょう！

この1回だけで悟り体験をする人もいるかもしれません。そうでない人ももちろんいるはずですが、別にこのやり方だけが「私」と出会う方法ではないので、悟り体験ができなかったとしても気にしないでください。

何より重要なことは、「私って何？　誰？」という問題意識を持つことです。

また、皆さんが、今まで「私」だと思い込んでいたものが、実は単に肉体や感情、言動を指していただけであり、本質ではなかったのかもしれないという新しい発想をしてみることです。

以下の実験は、哲学者ダグラス・ハーディング博士が、「私たちの本質は意識である」ことを誰でも体験できるように開発した手法の一部です。ハーディング博士は2007年に他界しましたが、数多くの著書を残しています。代表的なものに『存在し、存在しない、それが答えだ』(ナチュラルスピリット社)があります。

この実験は「The Headless way(頭がない方法)」という名称で、ハーディング博士の信奉者に広がりました。近年は、日本でもこの方法が少しずつ認知されてきています。

「ここを指さす」実験

1. あなたが世界のどこを指さしても、あなたは外見を指さすことになります。あなたは自分が眺めるものから離れていて、あなたは物、対象物を見ます。このことを観察してください——それらを指さすことで、物に注意を向けてください。

例:コーヒーカップを指さして、「コーヒーカップが見える」、花を指さして、「花が見える」。当たり前のことですが、あらためて、指さしをしてその外見を見てください。

2．次に、他の人たちがあなたの顔を見るところを、指さしてください（自分の顔を指差ししている状態）。あなたは何を見ますか？　あなたは今、内側を見ています――あなたの注意の方向を、向こうの対象物（カップや花：著者補足）から、主体であるあなたへ、あなたがそこから見ている場所へ、180度転換してください。

3．ハーディング博士はこう言っています。

「私は今、自分とは本当に何かを見ています。（中略）あなたは何を発見したでしょうか？あなたもまた、この広く開かれた透明な気づきから、眺めているのではありませんか？」

（ダグラス・ハーディングのハーディングオーガナイゼーションのHP「The Headless Way」頭がない方法を参照）

何の先入観もない、真っ白な頭で想像してください。

何もないものを指している？　さて、このハーディング博士の実験で、あなたは何を発見したでしょうか？

2．人生、どう生きたらいいのか？

どんな人でも、神の意識と繋がっている

「望んで生まれてきたわけではない」、「好きで生まれてきたわけではない」、「どう生きたらいいんだろう？」

そう思ったことはありませんか？

私はあります。

あまりにも苦難が続き、生きていることが辛くなった時にそう思っていました。

仕事では「あなたは、自分で生まれることを計画したんですよ」なんてお伝えしているので、自分でもそこは納得しようと、無理やり頭で理解しようとしていました。

でも、正直、心が納得できませんでした。

この拭い去れない気持ちってなんだろう？　心の深いところでは、どうしても「望んで生まれてきたわけではない」という思いがありました。

「もしかしたら、神が一番最初につくった人間も納得してなかったのかなぁ？」

これは、一人であれこれ考えていた時にたどり着いた仮説です。もちろん、真実はわかりません。

ただ、この仮説にたどり着いた時ホッとしました。

私は自分で言うのもなんですが、根が真面目なので、自由奔放に生きようとしても、どこかで、「この人生は、私が望んだ人生だからちゃんと生きないと」と自分を追い詰め、いつの間にかその思いが知らず知らずのうちに重しになっていました。不思議なもので、ちゃんとしよう、ちゃんとしようと思うと、ちゃんとできない。

いつもどこかで監視されているような気分であったり、ちょっとしたことで罪悪感を感じたりもしていました。幼少期に目覚めた霊視に対しても、「これで家族を養わないといけないんだ」と、霊視能力を喜ぶどころか、この先の人生がとても重く感じました。

また、思春期の間は、自分の人生さえままならないのに人の役になんて立てないと、人の考えていることを察してしまう過敏な体質に疲れ、他人の人生にアドバイスなんてできる立場ではないと、一時、霊視鑑定を止めていました。そして、時折抑えられない感情が出てきました。「望んで生まれてきたわけじゃない」と。

でも、その正直な感情が出てしまった、そんなことを言ってしまったことに、罪悪感が出て、自己嫌悪に陥ったりするのです。この思考のパターンは、この世とあの世のしくみをしっかりと理解し納得し、腑に落ちるまで続きました。

人類史上初の人間が、初めて地球に誕生し、体験することすべてが未知で、生まれ変わりの記憶もなく、次々と遭遇する過酷な体験。

「なんだ、なんだ、これはなんだ、どうして私はここにいるのだ！　望んで生まれてきたわけではない！」

という気持ちをもっていてもおかしくはないのではないかと考えました。そんな気持ちが時折、私たちから顔を出してもしょうがないのかな、そんな風に思えたのです。

鑑定のお客様の中にも、「生きるのが辛い」「現実を受け入れられない」「なんでこの親の元に生まれてきたんだろう」と思っている方々はたくさんいらっしゃいます。

まさに私もそう感じていたので、その気持ちは痛いほどよくわかります。また、そう思ってしまうことで自己嫌悪に陥ったり、自信を失っていたりします。

私は、そう思ってもいいのだと思います。そう思っていても、鑑定を受けに来るという行動は、どこかで「諦めきれない」「変わりたい」「幸せになりたい」はずですから、やはり、どのような状況の人であっても「愛と成長を望む」神の意識と繫がっているのだと感じます。

文句を言いながらでも、模索しながらでも、不器用でも、人は少しでも良くなろう、幸せになろうと生きるものなのです。

私たちの正体は「神の意識」です。

「私」とか「自分」というまるで独立した感覚をもたされていますが、すべての人類には、神の愛と進化を志向してしまう「意識」が繋がっていて、一人ひとりが「今回の人生」を生きています。

人類史上最初の人間は人間の歴史の始まりなので、すべてが未知でしたし、自覚もほとんどなかったと思います。まさに気がついたら生まれていたわけですが、その後からは、自ら生まれ変わりを選択し、成長を志したはずです。

少なくとも一度この世に生まれてきちゃったからには、人間を卒業する時まで人間を続けます。死んでもあの世で生き続けます。自殺しても存在は消えません。あの世で反省し、また人間に生まれ変わるのです。

人類史上最初の人間って誰？

ここまで書いたところで、人類史上最初の人間って誰？　と思いませんか？

自ら計画（生まれ変わり）をしたのではなく、正真正銘、神に最初につくられちゃった人間のことです！

「1．人間ってなんだろう？　私って誰？」（87ページ）の項目では、類人猿の肉体に神の意識を繋げ、進化させたのが人間というように書きましたが、類人猿イコール人間という意味合いではありません。

人類の進化に関する学説では、人類最初の女性はミトコンドリア・イブと名付けられた約15万年前のアフリカ人の女性ということですが、当然この人にも親がいるはずです。また、ミトコンドリア・イブを初の女性だと思うことにしても、同時期にこの女性一人しか地球に存在していなかったはずはないですし、当然、人間のパートナーがいないと子どもは増えないわけです。

類人猿からミトコンドリア・イブになったのがいつなのかとか、正真正銘、人類初の人間は誰？　これは誰にも答えられません。

とっても無責任な感じですが、そもそも、進化の過程を一コマ一コマ超スーパースローモーションで撮影したとしても、ここまでが類人猿、ここから人間という明確な境目は見つからないかもしれません。昨晩寝る前までは猿。朝起きたら人間になっていた！　はありえないのです。

最初の一人は確定できなくても、最初のグループはいたはずです。グループの中での進化も個体によって違いがあるので、きっちり同時にそのグループ内の全員が一気に人間になったわけではなく、類人猿に限りなく近い者もいれば、いまの人間に限りなく近い者も一緒に存在していたのではないでしょうか。それらの人は、多少の時間差はあるけれど、最終的にはみんな人間になります。ある日、気がついたらみんな人間になっていたということとです。

そんな歴史と性質を持つ人間の「この人生」「私の人生」「今回の人生」とは、最初は何も考えていない、または、何が自分の人生に起こっているのか、なぜ生まれてきたのかわからないなど、すべてに答えが出ないまま、納得していない状態から始まります。そして、人生を通し、自分が納得するために、どこまで成長できるのか、また、できなかったのかを測るためにあの世で計画してくるのです。

大筋は神や指導霊のような存在と一緒に相談して決めてきたこともありますが、基本、自分の人生は自分の設計です。自分で考え、選択し、決断し、決めてこの世に来ました。その計画をあの世の存在は知っているので、大変な時は時折サポートはしてくれますが、余計な手出しはしません。手出しをしたら一時的に楽になるかもしれませんが、本質的な意味で、その人の学びと成長を邪魔することはやってはいけないからです。

人生で起こるすべてのことは、全部自分の魂の成長のために自分で計画したものなのですが、出産時から数年をかけて、すっかりあの世の計画を忘れるようにプログラムされているので、納得していない状態が生まれるのです。

そうです、あの嫌な人も、あのいじめっ子も、自分を愛してくれなかった親も、落ちてしまった大学も会社も、私を裏切った元恋人も、すべて自分があの世で配役まで決めて準備をしていたのです。

逆もあります。見捨ててしまった親友、いじめてしまったクラスメート、愛せなかった子どもなど、彼らはお互いの成長のために、辛い相手役をしてくれていたのです。

人生はすべて自分で計画してきました。出会う人も起きる試練も。そのような人生のしくみがわかると、人を恨むことは全くのお門違い、勘違いだということがわかります。

鑑定の仕事を長く続けていると、人の3大悩みというのがクローズアップします。

1. 人間関係
2. お金
3. 病気（死）

これらは、あの世では学べない、体験できないことだから、どうしてもこの人間界で肉体を持って学ぶ材料になってしまうのです。

あの世にはお金も病気も無縁です。人間関係に関しては、エネルギーの世界なので、相手が私をどう思っているのか？　などと考える必要もなく、テレパシーや波動でわかってしまいます。

この3つの悩みを通して、悩み、苦しみ、逃げたくても逃げられず、死にたくても死ねず、とうとう向き合うしかなくなった時、おのずと人生の意味が見えてきます。

また、この世にしかない「死」があるからこそ、生命の大切さや、生きる意義を感じることができます。

人間が人間であるゆえんは、悩みや苦しみがあるということです。

悩みや苦しみは、その渦中にいる時は本当に辛いものです。

「この苦しみがいつ終わるのだろう。」

そう思う気持ちはよくわかります。

悩みや苦しみの目的が、本当は、あなたを苦しめるものではなく、あなたを成長させ幸せにするものだとしたら、もう少しだけがんばれますか？　ほんの少しだけ思い込みや考えを変えることはできますか？

この本が、私の言葉が、あなたの悩みや苦しみをそっくりそのまま引き受けることはできなくても、思い通りにいかないと感じているあなたの人生が、実は完璧であるということはお伝えできます。さらには、最後は必ずあなたはハッピーエンドの主役になるということも、この場でネタバラシしてしまいます。

3. 人間関係のしくみ

この世での一番の学びは、人間関係

ここでは、人間の持つ三大悩み（人間関係、お金、病気）について説明します。この三大悩みは、特にどれが一番多い悩みだという順番ではありません。どれも同じくらいです。

また、一人の人がすべての悩みをもっている場合もありますし、お金も健康もあるけれど人間関係だけどうにもならない、といった場合もあります。

まずは、人間関係のしくみから説明していきます。

ここまで最初から読み進めてくださった方なら、「出会う人はすべてあの世で計画を立ててきた成長の糧だよね」と考えられるようになっていると思います。

はい、たしかにそうです。

しかし、それだけで終わってしまったら味気ない。

霊視鑑定のご相談内容は、人間関係、お金、病気の相談がとても多いです。

時折、ペットの相談、留学先の相談、結婚の日取り、子どもの名づけなどが相談内容だと内心ホッとします。

人間関係は、まず親子関係の問題が一番多いように感じます。親子といっても、相談者が子どもの立場の時と親の立場の時がありますが、たいがいは、相談者が子どもの時に受けた親との関係性の問題がそのまま引き継がれて、自分が親になった時に自分の子どもとの間にその問題点が浮上するだけです。

次いで、夫婦、会社の同僚・上司、学校の担任・他生徒・友人、恋人、その他の順番となります。

人間関係も病気もお金もあの世にはない物です。物質世界であるこの世の人間社会の中でのみ学べるものです。

その中でも一番の学びは、人間関係ではないでしょうか。

この世に生きているということ自体、まだまだ人間のことを学ぶ必要があり、人間関係が上手ではないのかもしれません。だから、なんというか、人間関係の学びは本来苦しむものではなく、ただそこから学ぶものなのだという心構えが最初からあれば、それが原因で自殺をする人やうつ病になる人が減るのではないかと思います。

自殺は基本、御法度です。してはいけません。自殺をあの世で計画することはほとんどありませんが、絶対ないと言い切れるものでもありません。万に一人はそれを体験したい人、または、自分が自殺することで、自分に関係のある人間に愛と進化を促すことができ

郵便はがき

恐縮ですが
切手をお貼り
ください

1 0 1 - 0 0 5 1

東京都千代田区神田神保町3-2
高橋ビル2階

株式会社 ナチュラルスピリット

愛読者カード係 行

フリガナ		性別
お名前		男 ・ 女
年 齢	歳	ご職業	
ご住所	〒	
電 話		
FAX		
E-mail		
お買上 書 店	都道 府県 市区 郡 書店	

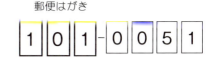

ご愛読者カード

ご購読ありがとうございました。このカードは今後の参考にさせていただきたいと思いますので、アンケートにご記入のうえ、お送りくださいますようお願いいたします。

小社では、メールマガジン「ナチュラルスピリット通信」（無料）を発行しています。
ご登録は、小社ホームページよりお願いします。**http://www.naturalspirit.co.jp/**
最新の情報を配信しておりますので、ぜひご利用下さい。

●お買い上げいただいた本のタイトル

●この本をどこでお知りになりましたか。

1. 書店で見て
2. 知人の紹介
3. 新聞・雑誌広告で見て
4. DM
5. その他（　　　　　　　　　　　　　　　　　　　）

●ご購読の動機

●この本をお読みになってのご感想をお聞かせください。

●今後どのような本の出版を希望されますか？

購入申込書

本と郵便振替用紙をお送りしますので到着しだいお振込みください（送料をご負担いただきます）

書　籍　名	冊数
	冊
	冊

●弊社からのDMを送らせていただく場合がありますがよろしいでしょうか？

□はい　□いいえ

るなら、あえてそれを選択する可能性もあるかもしれないからです。

あの世は自由意志を尊重してくれるからです。しかし、今までの私の経験では、あの世で自殺を計画した人にはお会いしたことはありません。

あの世のビデオで人生の意味を思い出す

さて、自分がどのくらい人間関係を学べているのか、学べていないのかは生きている間はわかりづらいものです。

肉体の死が来て「次元の境界線」を越え、自分が死んだことをはっきりと自覚した後は、反省会のような「ビデオ上映会」があるとお伝えしました。そのビデオ上映会ではただ何があったのかを観るだけではなく、そこに登場する人たちの本音や感情の機微まで3Dのように、まるで掴めるかのようにわかります。

その時の自分のいやらしい感情や、相手がどのくらい傷ついたかなどが質感と重さまでプラスされてわかってしまうので、その時、初めて自分の人間としての器の大きさや、人間性を知ることになります。

前世療法を受けてくださった方の中には数名ほど、この時の記憶と繋がった方たちがいます。そして、その後のその人たちの人生は劇的に変化しました。なぜ劇的に変化したのかというと、その人たちはそのビデオ上映会で目にしたものを思い出し、自分が生まれ変わろうと決意した理由をはっきりと思い出したからです。

ひとことで言うなら、その人の「人生の意味」を思い出したのです。

あの世のビデオで一体何を見て、どんな人生の意味を思い出したのでしょうか？

ここに、Ａさんの例を挙げます。Ａさんは現在専業主婦ですが、もともとキャリアウーマンで外資系の銀行員でした。結婚はしたものの、仕事が楽しく、子どもは欲しくなかったそうです。ご両親たちからの「孫の顔が見たい」コールに負け子づくりをしたそうですが、そのお子さんは重度の障害を持って生まれました。

どうしても、障害をもつわが子と健常の他人の子を比べてしまい、人に見られるのが恥ずかしいからと、ほとんど外に出ずに家の中に母子で引きこもる生活を続けていました。

ご主人のご両親からは、孫の障害はＡさんの高齢出産のせいだと言われ、自分の両親からも「あなた運が悪いわね」と言われ傷つき、ご主人もなかなか家に帰ってこなくなり、とうとうＡさんは深刻なうつ病になりました。

Ａさんが初めて私の鑑定を受けにきてくれた時、Ａさんには前世・過去世療法が必要だと直感で感じました。そこで説明をしたところ、もし前世・過去世療法でお子さんの障害の原因がわかったら納得して現実を受け入れられるかもしれないと言ってくださったので、早速、前世・過去世療法をやってみることにしました。

そうしたら、例のあの世のビデオを見る場面へと繋がったのです。

たった1回の施術で、ここまで深い記憶とつながるのは滅多にないことですから、私自身もびっくりしました。まるでAさん自身とお子さんの魂が、このタイミングで思い出すことを決めてきたのかもしれないとさえ感じました。

あの世のビデオの中のAさんは、いまのAさんではありません。Aさんの前世の人が亡くなってあの世に行った後の出来事です。

その時のAさんは、母子家庭の子どもで、とても貧乏な暮らしをしていたそうです。お母さんのことは大好きだけど、いつもボロい格好をしているお母さんを恥ずかしいと思い、道ですれ違っても他人のふりをするほどだったそうです。

お母さんを恥を知らない、精神の図太いずうずうしい人だと感じていたそうですが、あの世のビデオでみた真実のお母さんは、Aさんが貧乏を理由に暗くならないように、自信がなくならないように無理して明るく振舞っていたことや、Aさんが寝てから毎日不安と戦い泣いていたことがわかりました。身体も働き過ぎで全身があちこち痛いのに、痛いと言うと仕事をもらえなくなったりAさんに心配をかけることになるからと、痛みを口に出さずに堪えていたそうです。

このように、あの世のビデオでは、実際に生きていた時には感じえなかった、人の本心や隠し持っていた気持ちなどもすべて浮き彫りになるので、そこで真実を知ることができます。あの世のビデオで、お母さんのAさんに対する深い愛情と、お母さんがどれだけ苦労したのかがようやくわかったそうです。そんなお母さんの愛情にまったく気付くこともなく、Aさんは、「貧乏は嫌」「恥ずかしい」「こんな家に生まれてきて損」「人は見た目」「お金さえあれば」そんな気持ちしかなかったそうです。

前世・過去世療法から目がさめたAさんは、「私は前世でも自分の生活や母親、自分自身のことが恥ずかしかったんですね、表面的なところだけみて恥ずかしいなんて、自分の浅はかさに嫌気が指します。今回、私はまた前世の間違いを繰り返すところでした。自分の子どもの見た目が恥ずかしいなんて……。前世の私の母親をみて、子どもを愛し守るという意味が少しわかりました」と言い、号泣していました。

Aさんの人生の意味は、人間関係を通して「恥」を克服し、深い愛を学ぶために今回生まれてきたというわけです。

いまのAさんは、すっかり人が変わったかのように、うつ病も治り、明るくなり、障害を持つお子さんを恥ずかしいと思う気持ちも吹き飛び、ご主人との関係も良好になり、いまでは3人で海外旅行にまで行くようになりました。

前世・過去世療法がたった1回でここまで劇的に人生を変えることは稀ですが、時折、今回のAさんのように、魔法の薬1粒みたいな効き目もあるのだと勉強になりました。

人間関係の学びは「愛＝I＝私」の学びそのもの

次の例として、私自身を振り返ってみると、私はあの世のビデオ上映会の場面を思い出したことはありませんが、なんのために生まれ、どのように生き、どんな風に死んでいくのかの計画はだいたいわかりながら生きているつもりです。これは霊能力がなくても、本当はわかるもの、気づくもの、いえ、気づいて欲しいものです。

まず、あなたの親を見てください。この世は「引き寄せの法則」と「鏡の法則」が働いています。最も身近な人間関係、周囲の交友関係、これらからおのずと何を学ぶべきかは見えてきます。

今世の私は、超お金持ちの父方、超貧乏な母方の間に生まれました。

これは、まさにお金のバランスを学ぶための環境としか思えません。

10歳で霊視鑑定をしてきた私は、子どもなのに、浮気、不倫、借金、財産問題など、人の人生の闇を相談内容として聞いてきました。このような環境下にずっといたら、人間不信になったり、ひねくれて大人びた子どもになっていてもおかしくなかったと思いますが、私は、闇だらけの相談内容から、光を見る訓練をしてきました。

神様は、きっと、泥の中から咲く美しい蓮の花になれるように、私を育ててくれたのだと勝手に思っています。

私は、大人になるまでの間に3回親に捨てられました。同じ親に3回です。なかなかいと思います。捨てる、引き取りに来る、捨てる、引き取りに来る、そしてまた捨てる。ということですが、ここから学んだ最大のことは「それでも愛を信じることができるのか？」でした。

何回も親に捨てられると、子どもとして愛されている自信がなくなるので、自己の存在価値が一度崩壊しました。親が私を捨てるのは、「もしかしたら、すべて私が悪いのかもしれない」とまで考えだし、何が正しくて何が間違っているのかもわからなくなりました。

まだまだ親が必要な年齢の時期に大変辛い経験でしたが、この経験によって、自分を信じて強く生きることを学びました。

実の親には育ててもらえませんでしたが、代わりに周囲の温かい人たちと神に大切に育ててもらった感覚があります。

すべての人間関係の原点は、まず自分との繋がりです。

自分を癒した分、人を癒せる。自分を信じた分、人を信じることができる。自分を愛した分、人を愛することができる。

なぜなら、自分も他人も元々は一つだからです。

私は、徹底的に人間を学びたくて今回この仕事を計画してきたのだと思います。

そのおかげでこの本が書けているわけですが、数万人の人たちと出会わせてもらったからといって、人間関係のテストで合格点をもらえるかどうかは、あの世に帰らないとわかりません。

人間関係の学びは「愛＝I＝私」の学びそのものです。

あの世では隠し事ができない丸裸状態なので、すべて本音の世界です。

その人の発するエネルギーが一瞬で周囲の意識体に伝わります。

相手の気持ちを深読みしたり、裏読みしたりする必要もないので、人間界にあるような人間関係の問題が起きないのです。

この物質界では、肉体によるジェスチャーもあり、会話、文字などお互いの意思を確認する方法がたくさんあるのに、勘違い、思い違い、受け取る人によって違うことが多すぎます。「自分の言いたいことがちゃんと伝わっているのかな」、「あの人、嘘を言ってるのかしら？」のように、疑いや不信、不安が生まれてくることがあります。また、勝手に妄想したり、勝手に思い込んで一人で腹を立てたり、決め付けたりなど、問題のないところに問題を作り、ややこしくしてしまうこともあります。

人間関係の基本は、「相手を信じることができるのか?」です。しかし、信じて裏切られたらどうでしょうか? あなたは相手を許すことができますか? 「許し」という壁の先に「愛」があります。

結局のところ、人間関係とは愛の学びなのです。

ですから、いま、人間関係で苦しんでいたり、悩んでいる方には、これらの人生のしくみ、人間関係のしくみを理解していただき、少し離れたところから、自分が抱えている人間関係の問題を眺め、新しい視点を見つけていただきたいと思います。

自分もあの世で計画してきたけれど、相手も同じように計画してきてお互いが出会っています。そのことを忘れないようにしてください。

苦手な人、嫌いな人、許しがたいことをされた相手であっても、その人たちを「許すこと」こそが、学びの目的、生まれてきた意味のひとつです。

この世ではお金持ちとか成功者がすぐれていると思われがちですが、あの世での人間の価値は、人間性の高さです。どれだけ愛で在るかです。

どんなに知力、社会的権威、財産をつくることができても、幼稚で、傲慢で、自己中心的で思いやりに欠け、人に愛を与えることをしてこなかった一生は、あの世に帰った時に、指導霊のような存在に反省点として突きつけられることがあり、次の生まれ変わりでは少しでも人間性を高めようと、難しい人間関係を計画することになります。

すべての人間関係には深い意味があります。さまざまな人たちとの出会いも、決して偶然ではなく、いにしえから紡がれてきた不思議な縁という糸で繫がっています。

生きている間は次々と新しい縁があります。

これらから大いに学び人間性を高めましょう！

4. お金のしくみ

お金というエネルギーの取り扱い方

お金の相談が一番苦手です。神様に聞いても、お金にまつわる愛、人の道を指し示してはくれますが、具体的なお金の稼ぎ方、借金の返済の仕方、お金の貯め方、高騰する株の銘柄を探すなどは苦手なようです。

神様からしたら、私たち人間もお金も動植物も同じ「愛」から創ったものだから、そこに無言のヒントはありますが、明確に「○○法であなたも億万長者！」というものは教えてくれません。

この世には、動物が苦手な人もいるように、お金が苦手な人もいます。植物を育てるのが上手な方もいれば、お金を増やすのが上手な方もいます。生まれ落ちた環境がお金持ちの家の人もいれば、その逆もあります。

あの世では一番自分が学べる親や環境を計画していますから、今世、お金持ちの家に生まれた場合は、「お金の苦労」から学ぶことはないのだと思います。

この項目では、お金というエネルギーのしくみや取り扱いなどをお話しします。


目の前で借金苦の人に泣かれても、その日の相談料をサービスしてあげたところで砂漠に水。一瞬、数秒ほど明るい表情を見せてはくれますが、借金苦の方々は寝ても覚めても借金の返済やお金の不安ばかり考え、毎日が地獄なので、常に苦しい表情をしていますから、眉間に皺が出てきます。顔はその人の人生が映し出されると聞きますが、お金の苦労は一気に人の顔を老けさせると思いました。

私の母もそうでした。１９７５年、義理の父の会社の倒産で5億円の負債を負ったからです。その当時とは貨幣価値も違いますから単純計算はできませんが、いまなら10億円ほどの負債でしょうか。当然会社もなくなり、家も家財道具一切も抵当に入り、水道は大丈夫でしたが電気は止められ、毎日朝から晩まで借金取りが家の前で大きな声で脅すので、子どもの私が親に代わって対応し、「お父さんもお母さんもいません。お金はありません」と伝えなくてはならない時もありました。今となってはそのおかげで度胸もつき、人間観察もできたよい機会ではありましたが、当時の私はまだ10歳前後、何をどうにもできず、不安とともに、親の顔色だけを伺う毎日でした。

小さな家に引っ越しをして、母の勧めでこのあたりから霊視鑑定を始めました。人の人生は読み解きやすいのですが、自分の人生は読み解けたところで、現実は貧乏な生活を生き抜くこと。「早くお金が稼げる大人になりたい」と思いました。この後すぐに母と義父は夜逃げをし、私は祖母に引き取られることとなりました。

お金の研究はしたくてしたわけではありませんが、そのようなこともあり、また、私の生まれがその県で1、2を争う超お金持ちの父方と、同県で1、2を争う超貧乏な母方の間に生まれたもので、お金というエネルギーの取り扱い方を知らないと、それぞれの家の常識の違いで、精神を正常に保つのが難しい状況でした。

しかし、その環境のおかげもあって、私は、お金に翻弄されることなく、お金があってもなくても平常心を保つことができるようになりました。

霊視鑑定を始めてからは、鑑定代の変わりにお米や野菜、菓子折りなどを持ってきてくださる方もいましたが、お小遣いみたいな感じでお金を置いていくお客様もいたので、同年代の子どもからしたら、ありえないほど、すでに自力で稼いでいました。

そんなこんなで、子ども時代からお金のことを考えざるをえない状況から、実験しては失敗したりしながら、なんとかお金についての私なりのエネルギー法則を見つけました。

もちろん、この法則がすべての人に応用でき、かつ有効でなければ絶対法則とは言えないので、現在進行形で生徒さんにも実験してもらっています。また、この本を読み、お金の実験をしてくださる方は、ぜひその後の結果を教えてください。

お金に困る人の特徴、お金に囲まれている人の特徴

お金の法則を見つけた経緯は、私自身の経験だけでは乏しいものです。この宇宙に普遍的に流れるエネルギーの秩序のようなものを知った時、エネルギーで創られているこの世の一つに「お金」というエネルギーがあることも納得しました。また、ありがたいことに仕事で出会う人の中には、金銭問題、貧窮で苦しんでいる人もいれば、世界的に有名なビル・ゲイツ氏と仕事をしている日本の会社の会長のようなお金持ちもいます。

そのように幅広い方々と接することで、お金に困る人の特徴、お金に囲まれている人の特徴を学ぶことができました。

お金があってもなくても人間は幸福にはなれますが、あった方がこの世では楽です。

お金には、良いお金、悪いお金はありませんので、お金が悪の象徴でもありません。お金はエネルギーの種類の一つであり、自分次第でどのように取り扱っても良いものです。お金が好きな人はお金と仲良くすればいいですし、お金が嫌いな人は拒否すればいい。

でも、お金が好きなのに、ずっと困っている場合、自分にその原因があるはずですから、自分のお金に対する意識を見直す必要があります。

なぜなら、お金はその人の意識と、その人が決めたお金との関わり方次第だからです。

意識が乏しいとお金も乏しく、意識が拡大しているとお金も拡大します。

では、どんな意識がお金に深く関係しているかというと……。

1.「基本は、この宇宙、この世が豊かだと信じている」

あなたはお金に関して、何を信じていますか?

エネルギーの特徴は、「そのまま」「ありのまま」なので、投げかけたエネルギーが返ってくるだけです。なので、嘘や誤魔化しは通用しません。その人のピュアな意識がそのまま動くものです。

あなたの信じているものが、この世はお金の奪い合い、搾取の世界、どうせお金持ちだけがさらにお金持ちになる世界、貧乏人は救われないなど、この世のお金には限りがあり、不平等だと思っていて、豊かさを感じることができないなら、確かに、今までは残念ながら、あなたのところにはお金はなかなか流れて来ていなかったかもしれませんね。

反対に、この宇宙は豊かだ！　と心から思え、それを信じている人には、お金や豊かな生活を手にする土台があります。

中には、そんなことすら意識せずに、「あたりまえ」のように、豊かさに疑いを持っていない人もいます。数名そのような友人がいますが、完全に豊かさの川の流れの中にいるような人たちです。

2.「この世も宇宙も豊かであり、自分はその豊かさの一部である」

お金は自分がどのようなエネルギーと調和をしているのか、または、調和ができていないのかをありのまま表現してくれているだけのものです。

この世も宇宙も豊かです。でも、その豊かな世界と自分を分離させていたら、豊かさとは調和していることになりませんから、お金はなかなか引き寄せられてきません。

この宇宙は神が創造した世界です。宇宙も地球も人間もお金もすべて繋がっていますので、この世も宇宙も豊かなら、当たり前のように自分も豊かなのです。

しかし、無理やり豊かだと思い込もうとしても、本当は信じられないなら、また、先にお金が入ったら豊かだと信じられるなどのように、証拠を見てからしか豊かさを信じることができないようだと、なかなかその証拠から見せてくれる宇宙ではありません。せっかくなので、今日からこの豊かさの言霊を毎日何回でも宣言しましょう。「この世も宇宙も豊かであり、私はその豊かさの中にいる」。

3.「自分は価値のある人間、お金や豊かさを受け取る価値がある人間である」

これは単にお金が入る、引き寄せるということだけではありません。自分がつけた自分の価値と、他人や社会がつけてくれた自分の価値が重なるところが、自分に入ってくるお金や豊かさの器でもあります。

ですから、一般的に言われる悪人、詐欺師でも、その人が自分に自信を持ち、罪悪感も持たず、お金が好きで、自分にはこれだけの価値があると思えていたら、それ相当のお金は手に入ると思います。昔から言うように「悪人が儲けて、良い人が損をする」ということはよく起こることです。

他人のことをとやかく言うつもりはありませんが、私の個人的な印象では、本当に価値のある人ほど謙虚で、自分の作品等に対しての値の付け方が控えめのような気がしています。それらに対して、馬鹿だな、もったいないな、せっかく稼げるのに！　と考える方がいるとしたら、残念ながら、その人はまだ真の豊かさを理解していないかもしれません。

お金に対してシンプルに「欲しい！」「お金が好き！」とアクセル全開の悪人と、「お金のことを口にだすのは品がない」「欲しいけど、欲しがっていると思われるのは恥ずかしい」とブレーキを踏んでいる良い人がいるとしたら、お金には悪人と良い人という人の判断はできませんので、その人の発しているエネルギーに素直に反応するだけです。

どの人にも価値はあります。生命を基本と考えれば人はみんな同じ価値と言えます。しかし、お金は、人間としての価値だけではなく、その人自身が、ある意味、自分勝手に自分自身で受け入れている自分の価値に応じて引き寄せられてくる特徴もあります。お金を稼ぐことに対するその方法、労力に時間を使っている人のところにも集まるものです。お金を稼ぐことは難しくないのですが、どこまでそれに集中できるかという点もあります。

4．「お金持ちを妬まない」

お金持ちを妬むのは、お金のあるなしに関係なく心の貧しいことです。

とはいえ、私も家庭環境が不安定な間はずっと、裕福そうな家庭、両親がいて家族仲良く見える家庭、習いごとをたくさんさせてもらう子どものことを妬んでいました。でも、妬む心には自分でも醜さを感じ、自分のことを嫌いになるので、せめてお金からは嫌われないように妬みやそねみはやました。

お金持ちを妬んだり、批判したりすることは、そのお金持ちの人のことだけではなく、その人に集まっているお金にも文句を言っているようなものです。

「どう考えても、あんな悪党が持っているお金はよくないお金だ」と、本気で憤慨している友人がいましたが、私はそれを聞いておかしくて噴き出してしまいました。「よくないお金ってどんなお金？」と。

また、妬んだり、お金持ちを批判したりすることで、お金がない自分を正当化していたり、美化したりしていることもあります。歴史がつくってきたのかもしれませんが、お金持ち＝悪人、貧乏＝心の綺麗な人のような型がなんとなく人の頭の隅に根強くあるのかもしれませんね。たとえば、日本中が泣いて応援した「おしん」、また、「フランダースの犬」などの作品は、私たちに「貧乏でも強く生き、心が綺麗な人間は素晴らしい！」と教えてくれます。現実は、お金持ちで心が綺麗な人の方が、多くの人の役に立つ場合もあります。ようは、貧乏でも、お金持ちであっても、強く生き、心は綺麗でありたいものです。

どのような理由であれ、お金持ちや人を批判したり、妬んでいる間は、そのような波動を自分が出しているので、お金がせっかく近くまできていても、自らお金をはじきとばしていることもあります。ですから、今日からお金持ちへの妬みや批判はやめましょう。

お金に良い悪いとレッテルをはるのもやめましょう。

お金はお金。ただのエネルギーの一つです。エネルギーの法則は、「自分が投げかけたものが返ってくる」だけです。それが理解できた人からお金と仲良くなります。

5.「『お金が欲しい』気持ちにフォーカスしない」

「お金が欲しい」は正直な気持ちです。その正直さは悪くありませんが、エネルギーの特徴やお金エネルギーの動き方からすると、「お金が欲しい」＝「お金が足りない」と翻訳されてしまいがちです。「お金が欲しい、お金が欲しい」と思うたびに、宇宙には「お金が足りない、お金が足りない」という不足のエネルギーを放出していることになります。

どうしても天にお金のことを伝えたいなら、「私はお金が好きです。受け入れます！　ありがとうございます」のように、未来先取りの明るい宣言の方が、お金があなたに近寄りやすくなります。

しかし、欲しいのに「欲しくない」など、ややこしいお金に対する感情や意識は整理してくださいね。これらの意識は、過去の体験から刷り込まれたり、思い込んだものであることが多いので、お金に対する意識の整理もしておくことをお勧めします。これは第5章の中にあるワーク、「小梅式本気のインナーチャイルドセラピー」（214ページより）でできます。お金は、この人間界においてのあなたそのものですから、仲良くなりましょう。

6.「お金もスピリチュアルな側面の一つである」

スピリチュアルな仕事をしている人が「お金、お金」と言ったら、ちょっと引くかもしれませんが、かといって、「お金には興味ありません」というヒーラーも、もしかしたらお金に対しての思い違いをしているのかもしれません。

なぜなら、お金はたしかに神界、あの世にはないものですが、だからといって物質界の汚れにまみれたものでもありません。

この世にあるものはすべて神の意志が物質化したものであり、学びの材料ですから、お金もスピリチュアルな側面の一つなのです。

この世でしか学べないものは人間関係とお金、病気ですから、人間が愛を学び、成長するためには避けて通れないものです。

お金も心も身体も家族も人も動物も花も海も空も、何でも同じように大事にすればいいのです。これらはすべてもともと一つ（神）なのですから。

7.「感謝」

お金の流れの波動やスピード感ととても似ているのが「感謝」の波動です。世界中のお金持ちが多額の寄付をするのは、他者からの恨みや妬みの念のエネルギーを緩和するために、儲けるだけではなく、「救済」「感謝」に変えてお金とのバランスを図っているのだと思います。

「感謝」や「ありがとう」については、斎藤一人さん、小林正観さん、五日市剛さんとかその道のプロの方がいらっしゃるので、あえてここで私が言わなくても、「感謝」が大切であることは広く知れ渡っていると思います。

ここでは感謝とお金の関係をお伝えします。

お金と仲良く、お金の流れに乗る、お金に好かれる、お金を引き寄せる・引き寄せられるには、生まれてから今日までの自分と、自分を取り巻くすべての人と物に感謝できるのかどうかが鍵となります。

もしかしたら、いま、あなたはお金に困っているかもしれません。貧乏かもしれません。でも、ちょっと想像してみてください。今日の今日まで、あなたにいくらお金がかかってきたのかを。学費やお小遣いに加えて、何より何十年分の考えると恐ろしくなるほどの食費！　大した贅沢はしていないかもしれませんが、ざっと過去を思い返しても、あなたが今日まで生きるのに大金が使われてきたのは事実です。

いまのあなたはお金が欲しい、お金がないと嘆いているかもしれませんが、あなたがどれだけすでに豊かであったのか、どれだけ、親や家族、親戚、近所の人、友人、先生、世の中の人にお世話になってきたのか。不足にばかり目をやらず、これらの真実に気がついてください。あなたの今日までの人生は豊かだったのです。お金だけではなく、様々な人から愛情もたくさんもらってきたはずです。お金の流れに乗るには、この事実に気がつき、すべての人や物に感謝ができることが大切です。実際は、感謝がなくてもお金が集まるところはありますが、なぜか、そういう会社や社長さんは、後々、人が離れ、誰のことも信用できず、寂しい人生を過ごす方も多く見てきました。

人生は決してお金が一番ではありません。人間界での真の豊かさとは物心両面の豊かさではないでしょうか。


私はたしかに子ども時代、親や大人たちの金銭問題の荒波に巻き込まれ、不安定な日々を過ごしました。その反面、貧乏生活の中で、祖母の作ってくれたパンの耳のラスクの美味しさや、給食費が支払えない私の代わりに、学校には内緒で自分のポケットマネーから給食費を支払ってくれた小学校担任のY先生の存在は、どれだけこの世が素晴らしいところなのかを教えてくれ、私に生きる力をくれました。

苦労や不足不満を探せばいくらでも見つかると思いますが、同じくらい喜びもあるはずです。もしかしたら、苦労が目立っているだけで、本当はこの人生には喜びや感謝に値するものの方が多いのかもしれません。

現在の私はお金持ちではありませんが、お金に困っていませんし、豊かです。

それは、好きな時に好きなことができる人生だからです。欲しい物も買えますし、何より私の場合、欲しい物が新鮮な野菜とか、ちょっとだけ高価なオリーブオイル程度なので、お金があってもなくても困らないような生活ではありますが。お金がなくなることもありません。もし、もっとお金が欲しくなったらそのように働きかけます。また、お金から近寄ってくるなら、それは遠慮なく受け取ります。

ここで書かせていただいたことは、一般的な「お金の増やし方」「成功本」ではありませんが、お金をエネルギーとして解いたものです。

今後、金銭問題の相談が減ってくれたら嬉しいです。どうぞ、お金と感謝の関係を忘れずにいてください。

5. 病気のしくみ

病気、症状は結果です

ここに書かれていることは、西洋、東洋医学の治療技術を不必要だというためのものではありません。逆にめざましく進歩した現代の治療技術の恩恵はたくさんの人に受けていただきたいものです。そのためには、病気で苦しむ人の、その人の中にある病気の本当の原因を知ることが役立ちます。

また、病気のしくみをお伝えすることで、病気で不安な毎日を過ごしている方々の心が安らぎを見出し、病気を乗り越える力となり、健康な心身を取り戻せるようにという願いを込めています。

肉体への治療と内面の気づきがしっかりと手を繋ぐことにより、病気を防ぐことも避けることもできる可能性がぐんと高まります。

あの世に帰れば痛みはなくなると知ってはいても、この世で病気で苦しむ人の姿を見れば、生きているうちになんとか楽にしてあげたいと思います。あの世で再会できると知ってはいても、この世で縁あって出会った方々との別れに対していつも寂しさを覚えます。私はどれだけ役に立てたのか、立てなかったのか……毎回反省の連続です。

病気を治すことは私にはできませんが、せめて、闘病、治療中の方々の精神的な支えとなり、その人の希望の光が消えないように守ってあげたいです。

その人自身が自分の病気から大切なことを学び回復できたら、その後の人生は自信を持って堂々と胸をはって明るく生きることでしょう。万が一、病気の進行が早く、肉体が助からなかったとしても、それまでに学んだ大切なことは、宝を発掘してあの世に帰るようなものですから、本来の意味においては、悲しむことではないのかもしれません。

病気、症状は結果です。病気と症状は物理的に肉体に出た結果です。それを取り除くには治療の力を借りる必要がありますが、病気になるには必ず原因があります。

病気の中には事故や怪我、毒、何かの中毒など直接的なわかりやすい原因で病気になることもありますが、それ以外の慢性病やその他原因不明の病気などは、物理的な原因の奥にある、深い部分で長期に渡り作用していた何らかの負のエネルギーの蓄積であり、心身を不自然な状態にさらし続けてしまった最終的な現われとも言えます。

身体からのSOSを無視し続けてはいけない

私は30歳の時、子宮癌になった経験があります。

変なことを言いますが、癌が見つかった時「ほら、やっぱりな」と思ったのです。なぜなら、不健康な生活に自覚があり、ある日から身体の異変に気がつきながら1年間ほど放っておいたからです。

心身を酷使する毎日、蓄積されるストレス。何より自分の中から消えない怒りや悲しみの感情。このままだったらいつか必ず病気になる。知っていたのに放置するなんて我ながらマゾだなって思います。

だてに他人の病気の原因や人生を霊視鑑定してきたわけではないので、目をつぶりたくなるほど、自分の中にある問題点はわかります。

わかっていたけれど見て見ぬふりをし、あわよくば、他人を健康に、幸せにするお手伝いをするので、私のことはチャラにして欲しいと都合のいいことを考えていました。

元も子もありませんが、私は自分のことは大切にできていなかったのです。

私は、そんなこんなで1年間身体からのＳＯＳ（癌による身体の異変）を無視し元気なふりを装っていました。とうとう朝起きられないほど具合が悪くなった時、初めて自分のことを霊視し神様にお伺いを立てました。

神様から返ってきた言葉は「ギリギリセーフ、次は無理」でした。

病気は、病気を通して学びたいとあの世で計画した時、また、病気になることで家族との愛の時間を過ごせることもあるので、あえてそれをプログラムしてくることもありますが、現代の病気の人の数を見ると、プログラムしてきていない人まで病気になっていると感じます。その場合は、その人の魂と感情が争った結果として病気になっています。

その人は健康な肉体を通して何らかの学びや表現をするつもりで生まれ変わってきたのに、魂の声を聞かず、感情や思考、欲だけで生きようとすると、魂と感情が別の方向を向き分離が始まります。

私の場合は、当初のプランAでは病気を選択していなかったように感じます。できれば病気にならずに課題をクリアするつもりだったけれど、頑固な私はプランBに移行するしかなく、病気でしか学べないほど感情が固まっていたのかもしれません。

これも結果的にはそのことを学びたくて、わざと魂と感情を争わせることもあるので、神のすることは人間には計り知れないことがあります。

何にせよ、その人が一番愛を学び、進化しやすいようにしているのは確かなようです。

肉体を大切にする食事や睡眠などの生活習慣の改善は当たり前です。

でも、そこだけ努力しても残念ながら根本的な解決にはなりません。

また、物理的な（外科）処置をして、一見問題解決したような時でも、潜在的に負のエネルギーが心身のどこかに隠れているようでしたら、今までとは違った場所や形への病状としてぶり返すことがあります。

根本治療をせずに表面的な治療で回復を図るのは、逆にのちのち大変なことになる可能性も高いので、病気になった時が自分の中にある病気の原因を知るチャンスだと思ってください。くれぐれも、私のように「ギリギリセーフ、次は無理」と神様に言われないようにしてくださいね。

病気は、真実を見るチャンス

病気は時には非常に残酷です。記憶に強く残るものとしては、歌舞伎役者の市川海老蔵さんの奥様の小林麻央さんの癌闘病です。麻央さんのブログで多くの人が励まされ、麻央さんも同じように闘病中の人との交流で救われた部分も大きいと思いますが、結果は小さなお子さん二人を残し亡くなるという悲しいものでした。しかし、多くの人が感じたことと思いますが、麻央さんは身を持って愛を表現していました。子どもたちへも精一杯最後まで諦めずに生きる姿を見せることができ、ご主人、その他のご家族も愛そのものでした。もしかしたら、これらのすべてを生まれる前にプログラムしてきたのかもしれませんが、やはり、天使のような麻央さんが若くしてお亡くなりになったことは、身を切られるほどの辛さがありました。

肉体を持つこの世と持たないあの世では価値観が違いますので、この世での短い一生でも愛と進化を存分に表現できたのなら、麻央さんの魂があの世では納得できていたらいいなと思います。

病気が正しく解釈されれば、それにより、私たちが克服すべき欠点や未熟な部分を知ることができます。さらに、この病気を的確に治療できたのなら、病気の前より健康で一皮向けた成長があります。

病気の苦しみや不安は、他の方法では知ることができなかった改善点を直すことができるのです。また、いま見るべき問題点は、自分が苦しんでいる病気のタイプや身体のどこの部分が病気かによって解決の糸口が見つかります。これは、この世には偶然がないからです。原因と結果という因果の法則により、すべて自分が引き寄せているからです。

たとえば、頑固、傲慢という問題点は、身体の硬直や関節等のこりや痛みを誘発しやすかったり、痛みが強い症状は、痛みを通じて人に痛みを与えてはいけないことや、他人への感謝を学ぶことがあります。憎しみから逃れられない人は、孤独やヒステリーで自分が苦しみます。症状は真実を見る機会を与えてもらっているのです。

だからといって、「全部、自分のせいなんだ」と落ち込まないでくださいね、私たち自身の間違いに気づき、素直にそれを正せるなら、今までとは比べ物にならないような充足感を得ることができます。

一見絶望的に見える病状でさえも、生きている間、命の火が灯っている間は魂が希望を捨てることは決してありません。


私たちは精一杯生きるために生まれ変わってきました。経験を積み、知識を得るためにこの世に存在しています。病気はたしかに辛いですが、直面している病気で幸せの意味を知ることもできます。また自分の人生史上初めてくらいの「自分のことを真剣に考え」「自分を大切に」「自分のための時間」「命を身近に感じる」時間となります。

それでも病気をただの不幸と捉えるのか、または、最大のラッキーチャンスと捉えられるのか、これはあなた次第です。あなたにしかできないこと。あなた自身とあなたの人生に深い意味や価値を与えることができるのです。

第5章 エネルギーマスターになる

1.「しくみ」を知ったら、次は「エネルギーマスター」になろう！

しくみを知ると、脳が覚醒するきっかけになる

「しくみ」を知ると、頭の中や頭頂が明るくなります。もちろんこれは比喩ですが、「しくみ」をお伝えした後に、「まるで、頭の中で豆電球がパチッとついたかのような感覚がありました」と表現していただくことがあります。もちろん、豆電球でなくても構いません。普通の電球の大きさほどの閃きがあったらさらに素晴らしい。

とにかく、頭の中に電気がついたくらい明るくなるので、その明るさに照らされて今ま

で見えなかった部分や謎が解けやすくなります。それにより人生のパズルがはまりだし面白くなってきます。また、しくみが見えたことで、自分の望みや生き方が明確になる人も多くなるでしょう。その感覚は、まるで急に頭が良くなったみたいです。頭の中や上が明るく感じたら、脳の覚醒が起きている証拠かもしれません。

「脳の覚醒」とは「全部繋がった！」ということです。

脳が覚醒すると、脳が認識できる範囲が一気に広がりますので、今まで気がつかなかった大事なことに気がつきます。今までの脳の認識が目で見えるもの中心だった人は、覚醒することで人の心やオーラの色、ペットの気持ち、あらゆる物の振動の違いなどの、今までは目で見ることができなかった物まで認識できるようになります。今までも、なんとなく雰囲気を感じることができた人は、なんとなくという曖昧さから、目で見ているのと同じくらいはっきりした感覚でわかるようになります。

時折「小梅さんみたいに、子どもの時から人の心や前世や、その人の無意識とかまでわかったりすると辛くないですか？」と聞かれることがありますが、「全く辛くないです」。逆に、宇宙の仲間である魂の個々の物語を垣間見ることができ勉強になります。

脳が覚醒している状態は、常に頭が軽く風通りもよく、実際の頭の大きさより頭の中の方が広い感覚です。一言で言うと、頭の中に宇宙空間が広がっている感じです。それがなんとも気持ち良いのです。また、何でも知りたいと思っている好奇心も満足できるので、これからもどれだけのことを体験し、視て、知ることができるのか楽しみでしょうがありません。知っただけでは知識にしかなりませんが、その知識を蓄積しておくことで、体験と合わせて役に立つことはさまざまな場面でたくさんあるはずです。

この本そのものの波動が、手にとってくださった方の脳の覚醒スイッチをＯＮできるように願っています。

さぁ、自分の人生の達人！　エネルギーマスターになりましょう。

エネルギーを制するものは人生を制する！

この宇宙はたった一つのものから始まり、たった一つのもので動いています。

それを一言でいうなら「エネルギー」です。

私たち人間は自分を表現し相手に伝え、逆に相手から表現されたものを受け取ります。これもエネルギーの交換や循環です。いつも交換や循環ができていたらいいのですが、残念ながら一方通行だったり、せき止めたり、奪ったり奪われたりがあるのも人間関係特有のエネルギーです。

「愛」「生命」「成長」「信用」もエネルギーです。これらのエネルギーは目に見えないから、多くの人がそれらに対して不安になったり、疑ったり、勘違いしたりしますが、その点「お金」はそのやりとりが完全に目で見えるようになっているエネルギーなので、すごいなぁと思います。

このように、私たちはエネルギーから生まれた宇宙の中で、質量や波動の違うエネルギーだらけの地球の上で、毎日いろんな人たちともエネルギー交換しながら生きています。だから、エネルギーの性質や特徴を知り、エネルギーの取扱いが上手になれば、地球征服はできなくても、自分の人生は思い通りになります。

「エネルギーを制するものは人生を制する！」

私は、コツさえ掴めば誰にでも「エネルギー」は取り扱えると思っています。
みんなでエネルギーマスターになりましょう！

エネルギーマスターになると起こること

1．潜在能力の覚醒
2．自然にうまくいく

3. 満たされる
4. 自分が誰かを思い出す
5. 人生をマスターできる

これら5つについて、一つひとつわかりやすく解説していきますね。

1. 潜在能力の覚醒

癒しの力(ヒーリング能力)、霊視能力、チャネリング、瞬間移動、その他、能力の種類は人それぞれですが、誰にでも必ず潜在能力があります。

なぜその能力が表に出ている人と、出ていない人がいるのでしょうか?

それは、意識の違いです。能力の差は意識の違いと言っても過言ではありません。

どんな意識の違いか? それは「思い込み」という意識の使い方の違いです。そもそも、潜在意識ってほとんどが自分の思い込みでつくられていて、しかも壁を作っています。その思い込みの壁の向こうにあるのが「潜在能力」です。「私にはどうせ○○なんてない」「私には無理」「できない」と思い込んでいるのか? それとも、「あの人にできるなら、私にもできるかも」「できそう」「できるのが普通だよね」と思い込むのか。この正反対の思い込みによって、ありえないほどの大きな結果の違いを生み出します。

潜在能力はその人が望む種類のものである場合もありますが、そうでない場合もあります。潜在能力の多くは、生まれ変わりの経験から身についた、人より経験の多い、その人にとっては何となくできてしまうお茶の子さいさいのものであり、それを持っていることで、今回の人生の計画が遂行しやすいから備えてきたものです。

いかんせん、たいがいは前世や過去世を忘れて生まれ変わってくる私たちなので、自分にどんな隠された能力があるのかも気がつかず、とんちんかんにまったく違うものを欲しがったりします。本当は生まれながらの癒しのラベンダーさんなのに、自分はローズマリーだ！　バリバリのキャリアウーマンこそ天職だ！　と思い込み、根っからのローズマリーさんにこてんぱんにやられてしまうこともあります。

それがきっかけで本来の自分に戻ることもあるので、回り道をしたとしても原点に戻ることができれば、ありがたい話です。

○○能力を望んでも、それがその人の今回の人生に役立つものでなければ、あの世から備えてはこなかったのですが、「私にはできる」という思い込みで新たな能力の開発ができるようになることもあります。ポジティブな思い込みで壁を突破するのです。

逆に、自分が今回の人生で何を成し遂げたくて生まれてきたのかを思い出していたり、なんとなく自然にその方向に導かれている人は、体型、体力、外見も含め、すでに自然にその能力を使っているはずです。なんとなくオーラが見えたり、次にこうなるという予想がついたり、天気を操作していたり、日常の中で無意識に何気なくやっていたものがそうです。また、自分ではそう思っていなくても、人から褒められることは、才能と魅力があるものです。

私にもともと備わっていた能力を挙げるなら、目で見えないものの知覚、つまり「気を読む（エネルギーリーディング）力」です。オーラ、チャクラ、気持ち、病気、過去、前世、過去世もすべてエネルギーなので、それらを読み取り翻訳する力です。

私の肩書きは「あの世とこの世のバイリンガル」ですが、あの世といっても、決してお亡くなりになった人のことだけではありません。私は完全な霊能者ではなく、自分ではＲａｙ（光）能者でありたいと思っています。この宇宙にあまねく存在するさまざまなエネルギーのバイブレーション、波動の違いを読みとって、翻訳、通訳する。そんなバイリンガルでいたいと思っています。この力は物心ついたあたりから、気にもせずに自然に使っていました。その後、波動アーティストの故・足立幸子さんの著書『あるがままに生きる』（ナチュラルスピリット）や波動アート作品に出会い、「私にもできるかも」とチャレンジして、そこから波動をイラストにする能力が開発されたり、波動を読み取る力がさらに磨かれていきました。

エネルギーマスターには、定年も限界もありません。年齢に関係なくずっと進化し続けることが可能です。

潜在能力はエネルギーマスターが手にする権利です。

あなたの中にはまだまだ眠っているすごい能力があります。その能力を楽しみにしながら、「自分を不自由にしてきた、制限や思い込み」をはずし、伸び伸びと自由に成長していきましょう。

私にもう一つ自慢の能力があるとしたら、人の潜在能力を見つけ、引き出すお手伝いが上手なことです。あなたの潜在能力や魅力が、もし、今まであまり使われてこなかったのだとしたらもったいないことです。この先の人生で思う存分それらが活かされるように、この本が役に立つことを願っています。

2. 自然にうまくいく

エネルギーマスターになると、自分のエネルギーだけではなく、他者のエネルギー、自分と他者の間にあるエネルギー、世の中を動いているエネルギーを常に普通に自然に感じ取っているので、「選択上手」になることはもちろん、「引きどころ」「決めどころ」などのタイミング、人と無理せずにうまくいく方法が自然に身につきます。

とはいえ、相手あってのこと。相手が仲良くしたくない場合は無理があるので、その場合は「時期をあらためる」「逃げる」「スルーする」なども選択できます。

何事も無理しないのがエネルギーマスターです。無理しているうちはエネルギーマスターとはいえません。

「無理」という言葉は、理（ことわり）が無いと書きます。ようは、宇宙の法則や秩序がそこには働いていないよという意味ですから、無理をして、たまたまうまくいったとしても、無理した余波が後で何らかのトラブルとなって出るのがエネルギーの理です。

エネルギーマスターはそのことを知っているので、何事も無理をしません。たまに無理をしたとしても、その先に何が起こるのかある程度納得した上で無理をしますので、被害も少ないし、想定内なので調整できます。

年齢や職種が違えば、生活習慣も環境も違いますから、その人の生活に合わせる必要があります。あらためて、自分の1日や1週間のあり方を見直した時、意外と、「いつも通り」に落とし穴があります。無理を無理だと認識していないことってたくさんあります。

そうそう、不思議なもので、「うまくやろう」とすると、うまくいかないのも何かしくみがありそうですね。

これもお金のしくみ同様に、「お金が欲しい」と思う気持ちは「お金が不足しています」

宣言と同じですから、「うまくやろう」という意図は、己のエゴを満たすためのものになっていたり、自分が操作することでうまくいかせるという、そこにエネルギーの操作と無理をつくりだします。

「うまくやろう」と思うことが悪いことなのではありません。もちろん誰だって、うまくやりたいものです。こうしましょう。「うまくやろう」という気持ちを「うまくいく(信頼)」と変えるだけでエネルギーに光が増えます。光はエネルギーの質量の表れの一つなので、暗いものより明るいほうを選択する癖をつけていくとよいと思います。

無理しないことの良さは、まず、身体と心が楽になります。身体と心が楽になると表情も柔らかくなります。そうなると、当然その心地よい楽チンさが私たちを取り囲むオーラにも波及します。快適・楽チンオーラを身に纏うとそのオーラと同類の、または、そのオーラに惹かれる人や物や事柄が当たり前のように引き寄せられてきたり、引き合ったりします。エネルギーにはこのような特徴があるので、快適な人はより快適になります。快適な人同士が出会い、学び合い、より良い世界が拡大していきます。

まずは、無理をしない。自分の機嫌をとる。快適な環境作りをすることで、あとは勝手にオーラが地上天国をつくってくれます。

今までがんばってきた人、無理してきた人、自分を犠牲にしてきた人等々、たくさんいらっしゃると思います。ほとんどの人がそうだったかもしれません。

私も昔はそうでした。がんばっている自分を偉いと思っていました。がんばっている自分をたくさんの人に認めて欲しかったのです。がんばらないと幸福になれないとも思っていました。

その後、認めるのにはちょっと抵抗がありましたが、がんばっていた時の方が苦しく、辛く、不幸だったことに気がつきました。不幸だけど、そんな不幸を感じてもがんばっている自分を偉いなと思う部分もあり、さらにがんばりました。がんばり過ぎたのでしょうか、なぜか次々と、トラブルや問題、不幸が襲ってきました。

ある日、「がんばる」は「我を張る」、「無理」は「理（ことわり）が無い」、「犠牲」は「偽の生」と漢字（神字）の閃きがきました。まるで神が見透し、「小梅さん、いつまで自分で自分を苦しめるの？」と言われたような気分でした。

なんだか、この世のしくみって、知れば知るほど肩透かしをくらいます。

あんなにがんばってきたのに。あんなに無理してきたのに。ずっと自分を犠牲にしてきたのに、何の役にも立たないどころか、さらに自分を苦しめていただなんて。

がんばらない、無理しない、自分を犠牲にしないと自然とうまくいくものはいき、いかないものはいきませんから。自分で自分を苦しめることはやめましょう。

3．満たされる

満たされる……なんて甘美な響きでしょう。

毎回の相談では、目の前の人の波動を読み取り、あの手この手、一緒に解決策を考えてきました。神から答えをもらっても、それをすぐに素直に受け取ってくださる方ばかりではありません。神にはこの世の時間や常識の概念がないので、答えは完璧ですが、人間界ではすぐにそれを実行できない場合もあります。いえ、本当はやればできるんですが、そこまで覚悟を決めてすべてを変える人はなかなかいらっしゃらないのが現実です。

その場合、そこは人間同士なので、私がその人の立場に立って、神の答えを噛み砕き、実行に移せるように具体案や時期を提案します。相談者は、それぞれ生まれも育った環境も違い、似たような種類の悩みではあっても、登場人物も違いそれぞれの性格も違うので、本当の意味で同じ悩みをもっている人はいません。

すべての人の望みは「幸福」です。とはいえ、その人にとっての「幸福」の考えも、価値もまた違うものです。

何十年も「不幸だと感じている人」と常々「幸福を感じている人」を見てきました。

一番多いのが「不幸ではないけれど、幸福でもない」という人たちです。それを「普通」と呼ぶのかというと、ちょっと違うような気がします。点数でいうと100点満点で、50点のような人たちです。

不幸な人は、なんとか幸福になろうともがいたり、がんばったりします。もちろん、そのもがきやがんばりがうまくいく時もあれば、空回りして、蟻地獄のように深く深く地中にもぐるような時もあります。

幸福な人は、よっぽどその方の意識が不安や不幸に囚われなければ、また、幸福病で他人の痛みがわからなかったり、金銭苦の人をさげすむようなことがなければ、幸福な人の波動はますます幸福を呼びます。

50点の人たちの特徴はどうかというと、「何とかしたいけれど、別にこのままでもいいや」「無理してまで、努力してまで変えたいわけでもないし」なのです。

このことについて、お亡くなりになった霊の方々に話を聞いたことがあります。一番後悔しているのは、実は不幸な人生や壮絶な人生ではなく、「チャレンジしなかった人生」なのだそうです。普通に心から満足しているならOKなのですが、「不満をもった傍観者の人生」ほど虚しいものはないそうです。人はああだこうだ言いますが、結局人なので、最後は感情的、心的に満たされていることが何より幸福を実感するものなのです。

私も、「神との関係性が良好であれば、その他は必要ない」とは思えません。毎日の家族との生活が快適で、健康で、好きな友人と美味しいものを食べ、好きな仕事をして、欲しいものを欲しい時に手にすることができ、行きたい場所に行きたい時に行けるから「満たされている」のです。

これが一日一食で、朝から晩まで嫌いな仕事をして、苦手な人と会い、疲れた身体に鞭打って家族のためだけにがんばっていたら、どんなに神と繋がっていようが、あの世のしくみを知り「あの世は快適だよ」となだめられても、ちっとも満たされません。満たされるとは、人としても霊的な存在としても満たされていることを言います。

今回、魂の目的があり生まれ変わってきてはいますが、人としての毎日の生活を犠牲にする、そんな人生には「NO！」と言っていいのです。

エネルギーマスターになると、エネルギーに敏感になります。

それはこんなことにも作用します。今まで誤魔化し封印していた自分の不満や負の感情を、どうにもこうにも誤魔化せなくなります。我慢していたから今まで何とかその場を取り繕うことができていたものが、一切我慢できなくなり、自ら破壊することもあります。

それは想像すると怖いことかもしれませんが、大丈夫です。一時的にバランスを崩すことはありますが、長い目で見た時に、それこそが永続的な心の平和や安定を生み出す第一歩となります。

では、具体的に「満たされる」ためにはどうしたらいいのか？

そのヒントは「アンパンマン」にあります。「アンパンマン」は老若男女に愛されている国民的ヒーローですね。我が家ではそのテーマソングがテレビから流れると、家族揃って大きな声で合唱をしてしまいます。

この歌詞の作詞担当は「アンパンマン」の作者のやなせたかしさんです。

歌詞の中で、こんなことを問いかけています。

私は何のために生まれたの？

私は何をして生きる？

何が私のしあわせ？

何をしたら私は喜ぶの？

子ども用のアニメのテーマソングなのに、まるで禅問答のような歌詞があるとは夢にも思いませんでした。

まさに、この4つの問いこそ、あなたが満たされるために必要なものです。

焦らなくていいです。いい子ぶらなくてもいいです。良い答えを出さなくてもいいんです。あなたの人生ですから、じっくり自分と向き合ってください。

そうです。あなたを満たすことができるのは、あなただけなのです。

4．自分が誰かを思い出す

エネルギーマスターになると右脳と左脳の使い方がとても上手になります。

本物の脳の標本を見るとわかりますが、想像以上に右脳と左脳は完全に二つに別れていて、全く違う働きなんだろうなぁというのが見て分かります。

すでに右脳と左脳の働きの違いはご存知の方も多いと思いますが、右脳の主な機能は感性・感覚を司り、左脳の主な機能は思考や論理を司っているのです。

人間は地球上の動物の中で一番左脳が発達した生き物です。だから、悩みが増え、競争し、不安になり、ストレスが募るのです。あの世で計画した病気以外は、もしかしたら左脳が病気を作っているのではないかとさえ思ってしまいます。

なぜなら、右脳は「いまここ」をただ味わい体験しているのに対して、左脳は過去と未来を考えるのが仕事だからです。いま起きていること、目の前のやらなければならないことを、過去の経験と照らし合わせ、その対処法を考えるのが左脳の働きです。それがうまくいく時もあれば、うまくいかない経験をただ繰り返している時もあります。うまくいかないと悩みますが、脳にインプットされた同じ間違いの繰り返しとはなかなか気がつかないので、また同じことを繰り返します。

たくさんの幸福な人を見てきて思うのが、そのほとんどの幸せ者は、左脳より右脳を多めに使っているような気がします。それも意識的というより自然にです。

あれこれ悩んだり、過去を悔いたりするのは左脳の働きの一部です。右脳はあまり悩むことはなく、楽しい、気持ちよいことを感じるのが得意な脳。人間界に生きている間は両方必要です。必要だから両方あるのです。

これからは、意識的に右脳の特徴を活かし、楽しかったこと、好きな人のこと、可愛がっているペットのこと、以前に行った旅行のことなどを思い出し、幸福感を感じてください。脳に支配されたり、振り回されるのではなく、エネルギーマスターはその時に応じて、脳を選んで使えるようになります。

エネルギーマスターになると自分が人生の主役だと、頭だけでなく本質的に理解できます。主役を演じるあなたの人生という名の舞台には、これからも、さまざまな登場人物がさまざまなネタを持ってやってきます。

ハッピーなネタもあれば、別れ話のネタもあります。あなたの味方もいれば、否定してくる人もいます。これらは別に大げさに言うほどのことでもなく、誰の人生にも普通に起こってくることですが、ここからが違います。

エネルギーのことを知らないと、これらの出来事や登場人物に巻き込まれ、ある人は自分のせいだと思い、ある人は人のせいにします。良いことには喜ぶけれど、悪いことからは目をそらすこともあります。人生が良い悪いという判断になります。

しかし、エネルギーマスターの人生には、そもそも良い悪いという判断はありません。なぜそれが起きたのか？　自分のエネルギーを省みることができます。選り好みなく丸ごとすべて受け入れ、そこからよりよくなる道をつくることができます。

これらの体験を通して、「自分がなぜこの時代に、この国、この場に生まれ、なぜこれらの人と出会い、そこから何を学び、どう生きたらいいのか」がわかるようになります。

そうです。エネルギーとしてこの世を見ることができるとすべてが自分の成長に繋がり、「自分が誰かを思い出す」ことができるのです。それも自ら気づくところが素晴らしいのです。また、どこまでも自分を高めていくこともできます。

この本を手に取ってくださったあなたは、もう準備ができていると思います。

潜在的にそれを望んでいたと思います。もちろん、あの世で計画してきたはずです。

「自分が誰かを思い出す」。

毎日の出来事に忙殺され、大切なことをどこかに置き忘れてきたかもしれません。

何のために生まれてきたのか、自分は誰なのか……。

その意味を知ることなく、思い出すことなく人生の幕を閉じるなんて悲しすぎますよね。

自分が誰かを思い出したところから、あなたの真の人生が始まります。

5．人生をマスターできる

突然ですが、ここで質問をしたいと思います。もし、目の前に神様が来て、次の2つのうちのどちらかを選びなさいと言われたらあなたはどちらの人生を選びますか？
1．毎日の忙しさに振り回され、次々くる目の前の人や出来事に影響され、自分が何をしたいのか、なぜ生きているのかわからないまま一生を終える人生。
2．エネルギーを理解し、マスターし、自分の人生の主役として、すでに与えられた物語を楽しみつつ、新しい人生を自ら創造し、この時代に生まれてきた意味を知り、魂の目的を果たす人生。
あなたはどちらですか？

できるとか、できないとかではなく、あなたはどちらを選びますか？

私はもちろん2を選び、そのように生きてきました。そして、この本がお役に立てるのも、2の人生を目指そうとしている方たちです。

人生をマスターするには、この世のしくみやエネルギーのことを知る必要があります。もしかしたら、ほとんどの方は自分の人生にしくみやエネルギーが密接に関連しているなんて思いもよらず、密接どころか、まさにそのものだとは気がつかないで一生を終えていくかもしれません。

もしかしたら、エネルギーマスターになるには、今でさえ忙しいのに、これ以上、あれもこれもやらないといけないとか、修行のようなことをやらないといけないのかと、少しおののいている人もいるかもしれませんが、安心してください。今までもがんばってきた、今のあなたに不足はありません。ただ、ここからは、今まで染み付いてきた常識の壁を越えて、新しい扉を開き、新しいステージを見る必要があります。

この中に何個くらい、あなたに当てはまるものがありますか？

- ☑何でも面倒だと思ってしまう
- ☑他人と自分を比べ、いつも自分は駄目だと感じる
- ☑幸せそうな人が妬ましい
- ☑人に嫌われたくないから、言いたいことも言えない
- ☑人とどう関わっていいのかわからない
- ☑子どもを叱ってばかりいる、自分が傷ついた親からの言葉を自分が子どもに言っている

☑お金がいつも足りない
☑恋愛が上手くいかない、いつも似たような男性と似たような結果になる
☑夢に向かうと邪魔が入る
☑軽い鬱病かもしれない。何もやる気がしない
☑いつものパターンがあり、同じ問題ばかり繰り返す

これらの状態はエネルギーが上手く取り扱えていない人の特徴の一例です。

この他にも、エネルギーが上手く取り扱えていないがために、日常生活や社会生活で起こる出来事はたくさんあります。

この世はすべてエネルギーでできていることを理解し、エネルギーマスターになると、これらの特徴は必ず改善していきます。

2. エネルギーマスターのフォースな毎日

「スター・ウォーズ」のファンならお馴染みのフォース（Ｆｏｒｃｅ）ですが、「スター・ウォーズ」シリーズを一作も観ていない方のために軽く説明させてください。

ちなみに私はファンと言えるほどではありませんが、１９７７年に初公開された「ス

ター・ウォーズ　エピソード4」を観た時の衝撃、世界観は忘れられません。人間界も見方によってはこの映画の世界のように、異星人の集まった世界だと感じています。

　この映画での「フォース」とは銀河の万物をあまねく包み込んでいるエネルギー体ですが、あくまで架空のエネルギーとして登場します。このエネルギーは正義、悪に関係なく、使う人の鍛錬と、意識の高まりにより超常的な能力の源になるものです。

　フォースの能力は未知な部分もたくさんありますが、予知能力、空間認識能力、敵からのエネルギーをかわし、来たエネルギーをそのまま敵に返す能力、テレキネシス能力（瞬間物質移動）、身体能力の強化、他者の心を読み取り操る能力、テレパシー能力（自分の考えを相手に送る）などがあります。これらの能力だけに心を奪われ人間としての心の修練を怠ると、正義だったつもりが、いつのまにか暗黒側に落ちると言われています。また、予知に関しては、「予知した悪い未来を避けようとして行動すると、自らその結果を引き寄せてしまうことになる」という台詞があります。

　ここまで書いたフォースの説明はあくまで映画の中でのフォースの説明と特徴ですが、実際、ここまで良くエネルギーを理解して作品に仕上げたと感心します。

「スターウォーズ」の生みの親は、かの有名な監督ジョージ・ルーカスです。監督は日本文化と昔の日本映画、特に黒澤明監督の作品から影響を受けているとインタビューに答えていました。たしかに、合気道、剣道、時代劇、刀、黒帯、兜、侍、武士などを彷彿させるものが映画の随所に出てきています。ライトセーバーでの闘いは剣道のように思えますし、気合の入れ方、間合いなど、日本人としては嬉しくなるものです。

さて、映画の話はこのくらいにして、現実の世界でのフォースは「氣＝エネルギー」です。宇宙の生命の氣（エネルギー）そのものです。

氣＝エネルギーは日本の武道の基本的な概念で、目で見えないけれど、パワーの源と古来から考えられています。氣＝エネルギーは感じる訓練をすれば、誰でも感じられるようになります。

エネルギーマスターになるには、まず、基本が「氣＝エネルギーを感じること」です。氣を感じるには、興奮している状態より、落ち着いた状態の方が感じやすいので、まず、落ち着ける場所で氣を感じる準備をしてください。

興奮している人は、氣が上がり過ぎている状態で、受け取る能力、感じる能力の幅がとても少ないです。逆に落ち込んでいたり、疲れていたり、鬱状態だとしたら、エネルギーが内側にこもっている状態なので、その時出している波動に近い、暗く重い氣には敏感になり、軽やかな氣を感じづらかったり、不快に感じることもあります。

エネルギーは、ある意味、その人の状態そのものなので、ありのままのエネルギーを感じるには、興奮していない、落ち込んでいない、落ち着いた状態であることが望ましいです。心のあり方でいえば「平常心」です。

ありのままを感じることはとても大切です。思い込まない、決めつけない訓練にもなります。すぐに決め付ける人は「あの人は○○だから」と、○○の中を一言で決め付けます。はたして、人間ってそんなに単純でしょうか？

思い込んでいる人の一例としては、たとえば、具合の悪い時、何でもかんでも霊のせいにしたり、先祖の問題にしたりする人です。実際、先祖や守護霊的な存在、その他の霊的存在からのメッセージ的な現象もないとは言えませんが、それは余程生命がかかっていたり、そのタイミングが重要な時に見せてくれたり、気づかせてくれたりするものであり、基本、人間の手助けはしないようにとの霊界でのルールがあります。

昔、こんなことがありました。鑑定に初めて来てくださった方なのですが、おもむろに指に貼ってあった絆創膏を取り、針で刺したくらいの小さな傷を見せながら「数日前、夕飯を作っていたら、包丁で指を切りました。神様は私に何を伝えたいのでしょうか？　もう3日も経っているのに傷は治りません」と言いました。正直、私は唖然としました。でも、そのお客様は真剣です。「何か災いを教えてくれているのでしょうか？　私の身が危ないのでしょうか？」と本気で心配していました。

わざわざ予約をして遠方から来てくださっている方ですから無碍にはできません。

いつもの鑑定の流れ同様に、その方のエネルギーを視ましたが、特に何も出てきません。調べても調べても傷に対しては特にメッセージは降りてきません。逆に、そういう思い込みの強さが、次々トラブルを引き寄せる癖になっていることを感じたので、「エネルギーを視させていただきましたが、その傷を通して神様がお伝えしたいことはないようです。ただの傷です。あるとしたら、『刃物を使う時は落ち着いて』だと思います」とごく当たり前の返答をしました。当然、その方は満足しません。なぜなら、絶対に何かあると思い込んでいるからです。

人間の悪い癖の一つに「思い込み」があります。あまり強いと、自らの幸福を邪魔している要因になっていきます。エネルギーをありのまま感じられるようになって欲しいと思います。

3．さあ、エネルギーマスターになろう！

世界のお金持ちに瞑想が流行っているのはご存知ですか？

Googleの本社では2007年から「サーチ・インサイド・ユアセルフ」という「マイン

ドフルネス」のプログラムを立ち上げ、そこからほとんどの社員が瞑想を実践しているそうです（注：「マインドフルネス」とは「いま、この瞬間」の自分の体験に注意を向け、心を整えるエクササイズと言われています）。

スティーブ・ジョブズが瞑想を行っていたこともよく知られています。

世界の成功者たちが「瞑想」から得た共通のものは、目で見えないけれど、確実にこの地上をうごめいている気配だと思います。人の気の動き、お金の動き、相場の動き、世の中の動き、ほんの少し先にその気配を感じ取る能力にたけている人が世界で有数の成功者になっているのではないでしょうか。

瞑想を実践する恩恵はたくさんありますが、人によって効果の出方は違います。免疫力が上がる、集中力が上がる、心が強くなる、第六チャクラの活性化により閃きやアイデアが湧くなどが主なものです。

本格的な瞑想には、正しいやり方があります。1回15分、30分、60分と時間をかけ瞑想を深めることも必要なので、ちゃんとした指導者に基礎から指導を受けることをお勧めします。「なんちゃって瞑想」を続けていると、妄想や思い込みの世界から抜け出せなくなったり、光を求めていたはずが、いつのまにか心の闇と繋がり、精神的に不安定になったり、日常生活に支障が出たりする人もいます。このように困ったことが起きることもありますので、瞑想に興味のある方はいろいろ調べて、良い指導者についてください。

また、日本には座禅もありますが、座禅はさらに精神修行に重きを置いているので、瞑想以上に最初の指導がないと難しいものだそうです。

瞑想も座禅も悟りへの道であり、教えです。それぞれ長年の経験からつくられた理論と体系に裏打ちされた、本来はとても安全なものだと思いますので、機会がある方は、ぜひお試しください。私は、これらをやっている人を本当に尊敬していますが、私自身は修行系がどうも苦手で、怠け者なのに理想が高い自分のために、エネルギーマスターになるための気持ちの良いレッスンを考案しました。

エネルギーマスターになるポイントは5つです。

1. グラウンディング
2. 感性を磨く
3. エネルギーを感じる
4. 自分で自分を癒し整理する
5. 自分を信じる

これだけです。5つしかありません。いたってシンプルで、レッスンはどれも簡単です。

もちろん、最初はどの人も「できない」「無理」「難しそう」から始まりますが、それは、

「できなかったら恥ずかしい」とか、「できなかったらどうしよう」というプライドやエゴが邪魔していることが多いだけなので、とにかくやってみましょう。

しつこいかもしれませんが、私たちはどの人もみんな「エネルギー体」です。みんな同じところ（宇宙）から生まれ、同じ宇宙素材でできた身体なので、ちょっとしたコツさえ掴めば、エネルギーマスターになるのは簡単です。

エネルギーはシンプルです。難しく考えずに、これらの5つのポイントを意識してください。そして、そのポイントが生活の中に馴染むには、簡単なレッスンを楽しんでやってください。この5つのポイントのレッスンは、どれもとっても簡単なレッスンですが、5つとも「いま、ここ」を意識しています。

世界の成功者やお金持ちに瞑想が流行っていることはお伝えしましたが、それは、彼らが過去を悔やんだり、未来を心配したりすることに何も意味がないことを知っているからです。この5つのポイントも瞑想を何年も続ければ習得するものかもしれませんが、瞑想は指導者が必要であることと、そこまで導いてくださる指導者は世界にもそう何人もいないものです。

そこで、誰でも簡単にしかも安全にできる方法として、日常でできる5つのポイントを提案させていただきました。5つのポイントはこれから皆さんが、自分の人生の達人になるためには、どれも必要なものばかりです。

5つのポイントは、あなたをリラックスさせ、あなたの中の天才脳を目覚めさせます。自然、世の中、人のエネルギーを感じ、自分のエネルギーも感じ、最高の選択と決断を導けるでしょう。過去の自分を整理することで、自分を否定するものは何もなくなります。自分がずっと長い間望んでいたことは、まず自分が自分を好きになることなのだとわかります。自分をもっと大切にしようと思えます。それにより日々の充実感、自己肯定感も自然に上がってきますので、結果、自分の機嫌がよくなります。機嫌がよくなるとそれに合った良き波動を引き寄せるので、毎日が楽しいものになります。これらは、最初は恐る恐るはじめたことでも、最後は手に入るすべてです。

このように些細なことの積み重ねが、結局大切なすべてに繋がっていきます。

この5つのポイントを日常生活の中で意識することが、エネルギーマスターの基本です。何度でも言いますが、エネルギーマスターとはあなたの人生のマスターになることです。それは、お手本も答えもない、あなたが主役の、あなただけの物語を作ることができる人のことです。

あなたが、もっとあなたの人生を充実させたいなら。もしあなたが、このままでは終われないと思っているなら。もし、あなたが、自分はやればできる！　と可能性を感じているなら、あなたにしていただきたいことは、この機会を逃さないことです。

きっかけ、タイミング、これらは決して偶然ではありません。しかし、それを待っていても魔法はかかりません。そのきっかけとタイミングこそ、すでにあの世であなたが自分にかけた目覚まし時計のようなもので、長い人生の中で何個か、いえ、何十個か用意されている、「目覚める」「思い出す」ための時計です。最初はなかなかこの目覚まし時計に気がつきません。だから、今まではただ何個も止めてきたはずです。

今回、この本に出会ったのも、その目覚まし時計の1つだと思ってください。これが決して最後ではありませんが、この機会を逃さないでください。

何事もあなた次第です。あなたが何を選択し、何を決めるのかで、ここからのあなたの人生が、あなたの手で色鮮やかにペイントされていきます。

40年以上、私が数万人の方々の人生に触れさせてもらい、魂の仲間たちと幸福になるしくみを研究した結果の、安全で安心なポイントと方法です。

私は自慢できるくらい不幸のどん底にいました。しかし、今ではどのような問題があっても、乗り越えることができる心の強さを持ち、思い描いた理想の人生を生きることができるようになりました。私の生徒さんやクライアントさんの多くも、まさにそうなっています。それは、しくみを知り、選択して、決めてきたからです。この宇宙は、その人が理解し、決めた分に見合ったものをちゃんとくれます。どうぞ、新しいあなたのステージに一歩踏み出してくださいね。

最初のポイントとそれを身につけるためのレッスンは、微細なエネルギーを感じやすくするための基礎編です。ここからマスターへの道に繋がっている大事な最初の一歩です。中には、すでにエネルギーの取り扱い中級〜上級の方々もいらっしゃるかもしれません。その方たちにとってはすでに知っている目新しいものではないかもしれませんが、あらためてグラウンディングから見直してください。それにより、今まで以上にエネルギーとの繋がりが太くなり、より高次のメッセージが受け取れるようになるはずです。

5つのポイントを意識して、かつ、そのポイントに応じた波動の身体作りをしていく過程で、あなたの潜在能力は刺激され続けます。人によっては今まで眠っていた能力が現れたり、目の前が明るく開けたり、いつの間にかトラウマが癒されていることもあります。

これは決して珍しいことではなく、その人本来の能力や資質が表に現れてきただけです。自分自身のエネルギーが整ってくると、今まで気にしていなかった周囲の人や物の波動。それらの、それぞれの波動の質の違いを感じ取れるようになります。それは感知できる波動領域が広がった証拠です。

人は、自分の見える、わかる、感じることがその人のすべてになりやすいので、好みの波動領域が霊界に設定されていたら、その人にとっては、この世界は霊中心になります。

ある人は霊のようにちょっと怖いものは一切感じずに、天使や妖精の波動領域だけを感知していると、その人にとってこの世は天使だらけになります。それはそれで幸福な世界かもしれませんが、現実は霊エネルギー、天使エネルギー、その他のエネルギーがいろいろあるのがこの世界です。波動領域が広がると偏った見方がなくなり、感知できる領域内なら、自由自在に繋がっていくことができるようになります。

波動領域が広がると、人の気持ちも今まで以上に分かり、イライラしている人のそばにいると自分もイライラし、穏やかな人のそばは気持ちが良いということも自然に五感を通して起こってきます。オーラが徐々にセンサーのようになっていきますから、雰囲気の快不快を瞬時に判断できるようになります。

このセンサーは普段の生活の中でとても役立ちます。お気に入りのレストラン探し、彼氏探し、学校探し、会社探し、安全な食品探し、家探し等なんにでも応用が利くのでとても便利です。

エネルギーマスターになる1つめのポイント
グラウンディング

すべての基本は脱力と足元から

自分の身体のどんなところに、どのくらいの力（緊張）が入っているのかを知っているでしょうか？　意外と想像以上にあちらこちらに無駄な力が入っていることに驚くかもしれません。力が抜けた後は、肩の荷がおりたように楽になりますので、力を抜く前後の違いを比較していただけたらと思います。

集中して何かをしていると、突然なんとなく息苦しくなり、その時、ようやく自分が息を止めていたことに気がつくことがあります。

パソコン、デスクワークにより前傾姿勢が多くなり、肩が内側に入り、そこで固まると猫背になるので、自然に胸、肺は落ち込む（引っ込む）形になります。そうなると自然呼吸が難しくなり、いつのまにか息を止めていたということになります。

このように人は無意識に息を止め、身体に力を入れたままにすることがあります。

それは筋肉や骨格だけではなく、内臓や脳など、身体の内側で筋肉に包まれている部位にも起こりやすいものです。筋肉が緊張で硬くなり、筋肉に包まれているものもおのずと収縮せざるをえないので、のびやかな動きができないということです。胃などはわかりやすい臓器かもしれません。

また、精神的な忍耐、我慢の長期化では奥歯に力が入り、顎関節症になりやすかったり、また、睡眠中に奥歯の歯ぎしりをしている可能性もあり、歯医者さんに行った時、「奥歯が歯ぎしりで磨り減っていますよ」と言われ、初めてその事実を知ることもあります。

力はもちろん必要な時に、必要なところには入れなくてはいけない時もあるでしょう。無意識でずっとどこかに力が入っているということは、トラウマ、ストレスからくる無意識の緊張や抵抗、恐怖を表していることもあり、放っておくと慢性疲労や病気を作る要因にもなります。

肝臓や腎臓などの機能低下の自覚があれば、そちらからの慢性疲労や倦怠感なので、疲労や倦怠感の原因となっている症状の改善をしなければ、それが治ることはありません。しかし、理由が特に見当たらず、いつも疲れている人は、この一つ目のポイント「脱力系グラウンディング」の効果に驚くと思います。

いつの頃からか、テレビの中のアスリートや歌手たちのインタビューは「ここまできたら、どれだけリラックスできるかです！」「今日は力を抜いて、楽しもうと思っています」「力まないようにします」など、脱力系の返答が圧倒的に多くなっています。それだけ脱力することが、最大の自分の能力を引き出すことだと知っているからです。

「脳波と呼吸」「ストレスと呼吸」などの研究論文を見ると、脳波が安定している人、ストレスに強い人、また、ストレス負荷が少ない人ほど呼吸が深くゆっくりであると結論付けられています。また、同じ意味で反対から見ると、呼吸を意識的にゆっくり深くすることで、脳波の安定が図れ、ストレス値も減るということです。

呼吸が大切なのは誰でも知っていますが、身体に力が入っていると、自然な呼吸がうまくできなくなります。そこで、まず「力を抜く」ことが必要になります。

グラウンディングという言葉を初めて聞いた方もいるかもしれませんね。グラウンディングできている人は「地に足がついている人」、グラウンディングできていない人はその逆です。

これは社会生活、経済活動のみならず、感情、精神的な部分にも使っている言葉です。

グラウンディングは、人間が地球で生きる基本です。

二本足歩行の私たち人間の自然な立ち姿は、足が地球、頭が天を向いています。天と地の間に生きる人間です。背骨を通して天と地のエネルギーは私たち一人ひとりの身体の中心を貫き、すべてのチャクラ（エネルギーセンター）を連結させています。

　天からのメッセージを私たちの生活に活かすには、天との繋がりも大事ですが、それを実行に移せる地との繋がりがあってこそです。

　現代は、土や自然が減り、裸足で過ごす時間も少なくなりました。土や砂利の代わりに道路は舗装されています。それだけでもグラウンディングしづらい環境なのですが、さらに、近年はパソコン、スマホを長時間使用する人が増えたので、頭部への刺激が過度になっています。首は前傾し、目を酷使し、前頭葉はじめ脳は、パソコン、スマホ画面からの電波で疲労しています。これでは、どうしても、足元より頭の方にエネルギーや興奮がいくため、バランスが取れない頭でっかちのような状態になります。

　そこで、グラウンディングの重要性がさらに増します。

　この宇宙はすべて絶妙なバランスの中で保たれています。人の心身もそうです。バランスが崩れれば当然、崩れたとおりの結果として心の不調や身体の不調が起きます。これは至極、普通のことです。バランスが崩れたら足元から見直す。これが基本です。

　グラウンディングがしっかりすると、まず元気になります。疲れも睡眠をとったらすぐに回復し、心も乱れづらくなり強くなります。もし乱れてもすぐに落ち着きます。また、頭の中が落ちつかない人やソワソワしている人は、頭の中のおしゃべりも止み、頭の中がいつもすっきりして、ソワソワ感もなくなります。足元のエネルギーが地と繋がるので、安定感が増します。生活力もつきます。閃きを実行にすぐに移せる行動力が出ます。いいことばかりです。いいことづくめのグラウンディングは確実に身につけてください。

エネルギーマスターは、まずグラウンディングからです。とっても気持ちの良い、脱力系グラウンディングをしてみましょう。

脱力系グラウンディングのやり方は、簡単です。

脱力系グラウンディングのやり方

まず、足の指、手の指、両耳をやり方を気にせずに、モミモミ、コネコネ、グニャグニャにしてください。

次に、足が床に届く椅子に座ってください。足の裏を意識をして、イメージで自分を足のサイズをいつものサイズより3センチ以上大きくしてください。その大きな足と地球は磁石で引き合っていて離れないと決めてください（30秒～1分で十分）。

はい、これで完璧です。

できれば、1日1回、脱力系グラウンディングをすることをおすすめします。エネルギーマスターはグラウンディングを生活の一部にしています。

もしかして、これでは物足りないと感じている方もいるかもしれません。

もっとハードにもっと早く、もっと高みに行きたいと思っているハード好きでマニアな方用に、こちらもご用意しました！　これぞ、グラウンディングの決定版！　まずは、取り扱い説明書を読んでから、やるかやらないかはお決めくださいませ。

小梅式本気のグラウンディング

「小梅式本気のグラウンディング」は、

- **グラウンディング**
- **センタリング**
- **循環**

この3つで1セットです。

グラウンディングとは、家造りの基礎工事のようなものです。整地することがグラウンディングだとしたら、次に大黒柱を立てていく作業がセンタリングといえるでしょう。

センタリングとは、自分の中心に光を通すこと
センタリングとは中心をもつ、中心でいる、中心であるということです。

ヨガや瞑想が世界的に流行しているおかげで、グラウンディングという言葉はスピリチュアルな専門用語としてではなく、健康思考の方々にも広がってきていると思いますが、センタリングという言葉を聞いたことがある方はどのくらいいらっしゃいますか？　センタリングと聞くと、パソコンの文字列を中央に寄せるとか、サッカー、ホッケーで中央のゴール前へ向かってサイドからパスを送ることと思っている方の方が多いかもしれません。

ぜひ知っておいていただきたいセンタリングとは、グラウンディング同様に無視できない、重要なエネルギー状態のことです。グラウンディングが地に足をつけることなら、センタリングは天と地を繋ぐエネルギーの中心に人がいることです。頭の天辺の中心から真っ直ぐ真下に光の矢でつらぬかれているとでもいいましょうか、エネルギーの串刺しとでもいいましょうか。ちょっと、この表現だと痛そうですが、それくらい、光のエネルギーが私たちの中心をビシッと通っていることが理想です。

センタリングは中心、中庸、核、コア、芯と同じ意味と捉えていただいて結構です。

これはあくまでエネルギーのことなので、強い筋肉を作るとか、背骨をまっすぐにするということではありません。ここで使うセンタリングとは、肉体、感情、精神がバラバラな状態ではなく、中心に一つで統合されていて、自分でもバランスが取れているので、なんともいえないスッとした感覚がわかる状態です。センタリングができている時は、すべておいて偏りがなく、思考も動きも無駄がなく、直感も冴えます。また、多少心が揺れてもすぐに平常心に戻れます。これは、センタリングのおかげです。

大道芸ではなくてはならない「皿回し」をイメージしてください。細い竹の棒の先っぽに皿が乗っていて、クルクル回すアレです。竹の棒が皿の中心から少しでもずれると皿は傾き回りませんが、中心点で皿を回すことで安定した美しい回転が続きます。

「ぶれている」「ズレている」「偏っている」と言われる人は、生まれ、育ち、環境、性格の問題もあるかもしれませんが、私の経験では、単にエネルギー的にセンタリングできていない時間が長かったゆえに起こった弊害だと思っています。

そのような人は、グラウンディング&センタリングのセットを身につけていけばいくほど、ぶれも、ズレも、偏りも減ってきて、「的を射た人」になります。

本来は、一人ひとりが光の柱となり、天と地を繋ぐ役目があります。自分が光の柱なのだと気づいた人が多くなれば多くなるほど、その柱を伝って降りてきた天の気が人間を使ってこの地球で表現されるので、地球は天国のようになります。地上天国です。

センタリングがしっかりできていなくても、人は天地人として繋がっているのですが、できているのとできていないのとでは、天地の差ほどあります。

センタリングができていると、宇宙の叡智のようなものと常にコンタクトが取れている状態なので、偶然の閃きではなく、こちらから意思を持って答えを求め、それに対してちゃんと答えがきます。

　また、センタリングは常に自分の中心を光が通っている状態なので、無駄な闇にひっぱられることがなくなります。しかし、体験したくてあえて闇に近づく場合は別です。それでも、中心に光が入っていると、あまりにも危険な波動区域に入ったら、ちゃんと信号が送られてきて「それ以上は駄目」とわかります。

　心の闇を見た人は、見たことがない人より光のまぶしさや美しさを知っています。ですから、闇の経験自体は悪いものではありませんが、闇は底なしで危険です。最後は死しか残っていません。無理に前向きになる必要はありませんが、どこかで、闇に向かう心にブレーキをかけ、なんのために生まれてきたのか思い出してほしいと思います。「思い出して！　あなたはあなたの人生の主役ですよ！」

　全世界で年々増えている「自殺」も、心の闇や心の隙間が引き起こすものでしょうが、私のところにも、「死にたい」と相談に来る人は後を絶ちません。そのような人たちに、常識やその場しのぎの癒しの言葉を言っても助けにも癒しにもなりません。そんな時ほど、センタリングをその場で一緒にすることが重要だと思っています。中心に光輝く神を据えるようなイメージです。

光の波動は高い振動を持つ、精妙で強いパワーの高波動なので、それが自分の中心（センタリング）にあるということは、七転び八置きの達磨のように、何度転んでも何度でも起き上がらせてくれる重心になります。

天地と繋がり宇宙のエネルギーを循環させる

小梅式本気のグラウンディングの3つで1セットの最後が「循環」です。

循環は生命です。循環によって生命は維持し、繰り返されるのです。

また、循環と言えば血液ですが、お水を適量摂取し、血液が汚れる食べ物を少なく、血液をろ過する腎臓機能が健康であれば、綺麗な血液が循環するかもしれません。しかし、どんなに身体に気を配っても、年齢とともに肉体そのものの機能が衰えていきます。また、人間とは、酸素がないと呼吸もできず、生命維持もできませんが、酸素によって酸化して死へと近づいているのも事実です。人間は両極端な陰と陽のその中心にいながら、バランスをとって生きているということが、この話だけでもわかると思います。健康な人でさえそうなのですから、不摂生な生活を繰り返し、不健康な食生活の人の血液循環は、回れば回るほど汚れたものを身体の隅々まで運び、その血液は酸素も少なく酸欠状態。そして腎臓にも負担をかけ、想像するのも怖いような循環です。

地球も循環システムの中で維持しています。だから、地球にいる私たちもこの循環システムの中の一つの重要な流れの一つです。

山に住む動物の糞が、雨で溶けて地面に流れ込みます。その糞や植物の葉が養分となり、植物は育ち成長します。育った植物を人間や動物が食べたり使ったりします。残った動物の糞や養分は川上から川下に流れ海に流れ出します。海に溜まり出した養分を魚が食べ、魚の糞は海草が吸収します。最後は「海溝」に地球上の栄養が一番蓄積されるのですが、ここで終わったら循環になりません。「海溝」にたまった養分を食べるのは深海魚と鯨です。鯨はその大きな身体を維持するために、わざわざ海の最も深い溝にもぐり、その養分を食べます。養分を食べた深海魚を餌にした魚は、海の真ん中辺りで生活しています。鯨も最後は海の真ん中辺りで死骸となり、その死骸は真ん中あたりに住んでいる魚に食べさせます。真ん中あたりの魚をまた海面近くにいる魚が食べ、その魚を人間が釣る。

さらに、これだけではありません。考えるだけで、自然ってすごいなって、感動で目頭が熱くなります。

海面近くに住んでいる魚の中で、川に戻る魚がいます。鮭ですね。鮭は帰巣本能が強く、ＤＮＡの中に帰る場所が記憶されています。生まれた場所に帰るために山を登ります。川を上ります。そうやって、蓄えた養分を山に戻してくれています。さらにさらに、鮭と言えば、熊。熊は川で鮭を大きな手でバシバシブンブン飛ばしています。

動物は、自分がその時食べる量しか捕獲しません。お腹いっぱいになったら残します。

では、なぜ熊はたくさんの鮭を、自分が食べる以上の鮭を川からはじき飛ばしているのでしょうか？　それは、山にいる他の動物に食べさせるためです。そうです。この動物がまた糞をするんですね。はい。これで一回り。循環です。

でも、山が少なくなり、川が汚れ、動物が減り、鮭が乱獲され、熊が撃たれる。

これも負の循環ですね。

次にご紹介する「小梅式本気のグラウンディング」は地球と宇宙のエナジーを自動的にいつでも自分にチャージできるシステムです！

実践　プロも納得、小梅式本気のグラウンディング

私がお勉強会やセミナーをする時は、必ず最初にこの小梅式本気のグラウンディングから始めます。その時は私が誘導していきますが、あなたが自分でされる時は、以下の文章をスマホ等に録音して、自分の声の誘導でやってみてください。

そのため、今回は、誘導用の会話スタイルで書かせていただきました。

1. これから、天地人のグラウンディングとエネルギー循環をします。
2. 目を閉じ、手の平を上に向けて、太もものあたりに軽く置きます。
3. お顔は正面を向いて、背筋は軽くピンッとします。
4. 足の裏がしっかりと床についていることを確認します。
5. 呼吸は自然な呼吸でいいです。その呼吸に意識を向けながら、全身にどこか力が無駄に入っていないかチェックしながら、力が入ってるところは抜いてください。無意識に力が入りやすいところは、目、こめかみ、奥歯、首、肩、腰、もも、ふくらはぎです。力が入っていたら抜いてください。
6. では、準備ができましたので、これから「地」と繋がっていきます。私たちがいま、座っている椅子の下には、丸くて、大きな美しい地球があります。そうです。私たちは地球の上に座っています。
7. 地球の真ん中にはエネルギーのコアセンター（中心核）のマグマがあります。真っ赤なマグマは地球の生命の原動力です。
8. そのマグマに向かって、尾骨の先端（第1チャクラ）から、イメージで太いパイプを降ろし、パイプの先端とマグマをしっかりと繋ぎあわせ固定してください。
9. そのパイプの中を、マグマの真っ赤なエネルギーが渦を描きながら丹田に向かってきます。丹田でマグマのエネルギーをたくさん蓄えてください。丹田が満タンになるまでです。注意点は、マグマのエネルギーは丹田より上に上げないことです。強力なエネルギーなので、心臓近くまであげると心拍が上がりますので、不快感を感じたり、息切れしやすくなったり、人によってはめまいを起こす人もいますので注意が必要です。

10. これで、地としっかりと繋がりました。そのまま次に「天」と繋がっていきます。目は閉じたまま、呼吸は自然な呼吸のままで大丈夫です。

11. 私たちの頭上には空があり雲があり大気圏の層があり、そして宇宙空間へと繋がっています。

12. その宇宙空間には、あなたの頭のまっすぐ真上でキラリと光る光の粒があるとイメージしてください。それを宇宙の中心とします。あなたが繋がるところは常に中心です。

13. その光の粒に向かって、あなたの頭の天辺（第7チャクラ）から、アンテナをスッと出し、そのまま真っ直ぐ真上に伸ばして、その光の粒と繋がってください。

14. 次に、その光の粒から一筋の光がアンテナをつたってス〜ッと降りてきます。その一筋の光はそのまま真っ直ぐ身体の中心を通り抜け、丹田も通り抜け、第一チャクラを通り抜け地球の表面を突き抜けパイプの中心を通ってマグマに到達します。

15. この状態が「天地人」の完成形です。

16. 足の裏はしっかりと地球を踏みしめ、マグマのエネルギーが丹田に満ちている。頭の天辺と天の中心が1本の光の筋で繋がっている。その一筋の光が身体の中心を貫いて、マグマに繋がっている。これが「天地人」です。全部が繋がっていて一つのエネルギー体の状態です。

17. そのまま次の「エネルギー循環」に行きます。目は閉じ、自然な呼吸を続けてください。

18. 「エネルギー循環」をする前に「無限（無限大）のマーク」を思い出してください。8という数字を横に倒したような形です。何回か目の前にイメージでそのマークを描いてください。その拡大版をいまから使います。交差している点はあなたの身体となります。

19. 最初はちょっとイメージしづらいかもしれませんから、ゆっくりやっていきましょう。

20. 天の光の粒から一筋の光が降りてきます。その光はあなたの身体の中心を貫き、地球の中心を貫き、そのまま地球の裏側まで行き、8の字の半分の円を描くように宇宙空間をおおらかにグイ～ンと動き、また天の光の粒に戻ります。

21. 光の粒に戻った光の筋は、また身体の中心を貫き、地球を貫き、地球の裏側までいったら、先ほどの8の字の円とは反対側の円を描き、また宇宙空間をグイ～ンとおおらかに動いて天の光の粒に戻ります。

22. 「無限（無限大）のマーク」と全く同じ形にはなりませんが、宇宙空間に大きな横8の字ができていたら大丈夫です。あなたの身体が横8の字の交差点になっています。

23. 20と21を何回も繰り返します。繰り返すたびに、少しずつ横8の字をずらします。自分の身体を中心にしながら、りんごの芯になったような感じで、360度ぐるっと横8の字を描き続けます。

24. 360度でき上がると、まさに光のりんごになります。中には光のかぼちゃになってしまう方もいるかもしれませんが、この形やいびつさは、いまのあなたのエネルギーそのものが反映されているので、「エネルギー循環」を継続してやり続けていくと、イメージの中の光の球体も綺麗な形になっていきますし、それと同時に自分自身のエネルギー体も整います。どちらもどちらに影響しています。

25. あなたが球体の芯です。あなたは光の筋でできた球体の中心にいるはずです。

26. これが「エネルギー循環」です。

27. いま、あなたのエネルギー状態はほぼ完璧です。地と繋がり、丹田に氣が満ち、天と繋がり、宇宙のエネルギーの循環の中にいる。

28. この光の球体の中は生命力にあふれ、安全な場所です。心疲れた時、身体が疲れた時、少しエネルギーチャージしたい時、一人になりたい時、やさしくただ包まれたい時、いつでもこの光の球体に戻ってきてください。
29. では、そろそろ目を覚ましていきます。あらためて足元に意識を向け、自分の足のサイズがイメージでいつもの靴のサイズと同じくらいに戻ったら目をゆっくりあけてください。
30. 肩、腕、腰などをゆっくりストレッチしながら、大きく呼吸をして、地球の波動に意識を合わせていきましょう。

いかがでしたか？　小梅式本気のグラウンディングは。瞑想が苦手だった方も、この誘導のやり方なら上手にできたのではないでしょうか？　目的を明確にすると地球と繋がりやすいです。

この一連の動きは、地球で疲れた心身を、地球にいながらにして宇宙エナジーを短時間で吸収して、一瞬で蘇るようなものです。光の球体は蘇り装置のようなものです。

グラウンディングがしっかりしてくると、重力を感じますが、それは何かを背負っている重さではなく、足の裏と地球が磁石で引き合っているような重さです。慣れてくるとその重さから安心感・安定感を感じるはずです。

また、足踏みは下腹部に溜まった邪気を下肢に下ろし、そこから一気に邪気を体外に出してくれる動きでもあります。

現代人の男女には、子宮、卵巣、精巣、前立腺の病気が多いそうです。それは、食事や生活習慣、運動不足からくるものも多いと思いますが、エネルギー的には、グラウンディングが弱いから邪気が下腹部に溜まることと、気の循環が滞ることも大きな理由の一つではないでしょうか。グラウンディングが弱い人は大地からのエネルギーを十分に体内に取り入れることができないので、どうしても虚弱であったり、冷えやすい体質になります。

グラウンディングは肉体的、感情的、さらにエネルギー的にも、最もシンプルで役に立つ身近なワークなので、この機会に小梅式本気のグラウンディングをお試しください。

エネルギーマスターになる2つめのポイント
感性を磨く

感性を磨きましょう

若いうちは「質より量」と思いがちかもしれません。食べ物、洋服、または人間関係においても量を求めていたときがあるかもしれません。それは、なんら間違ったことではありません。若いから食欲もありますし、また、何でもあれこれ試すのは良いことだと思います。人間関係も、さまざまなタイプの人の中でもまれてこそ、自分自身が見えてくることがあります。

しかし、自分自身の死を想像できる年齢になると、「量より質」こそが豊かさだと気がつきます。

エネルギーマスターはこの「質」を見極める力を瞬時に持てます。自分の心が本当に満足するものを選択できる感性を持ちましょう。

聴く感性

人生を豊かにしてくれる「聴く力」を養う

音楽教室の校長先生とお話ししたことがあります。人を感動させられる演奏ができるかどうかの違いは、楽器のテクニックのうまい下手ではなく、「聴く力」だと。

最初に、天才たちが作曲した名曲の名演奏を何回も何回も繰り返し聴き、自分の作り上げていきたい音や世界観の目標、方向性を定める。次に自分が楽器で出している音を聴く。この時点では理想の音とは全く違うはず。次に、頭の中に記憶された理想の音に近づけるように、何回も何回も自分の音を出し、調整し、近づけていく。

大切なのは、自分の出している音を聴くこと。

現代人の多くは、特に都会で生活している人は、起きている間、ずっと何らかの刺激に晒されていて、五感が疲労しているかもしれません。疲労するのは、その刺激が人工的であったり、不快さや負担を感じているからです。現代は、都会に住んでいる人も、田舎に住んでいる人も、生活環境にそこまで大きな違いがなくなってきているかもしれません。テレビやパソコン、電子レンジなどは誰でもどこでも使うからです。私たちは目も頭も気も心も肉体も全部疲れているのではないでしょうか。「聞く」ことにも疲れているかもしれません。テレビからの音、ゲームの機械音、友達と話すのは楽しいけれど誰かの悪口を聞いたり、愚痴を聞く、上司からは怒られたり嫌味を言われ、喧騒の中を歩く。どれもすでに慣れている音かもしれませんが、このどれもが周波数の荒い（強い）ものばかりです。私たちは強い（荒い）周波数の音に疲れているのです。

聞くことに疲れ出すと、人は自然と聞き流すようになります。何も聞きたくないから、大音量でヘッドフォンで音楽を流す人もいます。これは、音楽を聴いているのではなく、自分への注意や叱責や文句、人の話し声を聞きたくないから、現実から逃れられるから、音楽で耳を塞いでいるのだと思います。何かから耳を塞ぐと、大切な人からの意見や、心温まる言葉も聞けなくなります。

「聴く力」は、単に音楽を聴くだけではなく、自分の声、自分の心の声を聴く力にもなります。

美しい音楽を聴きましょう。時にはオーケストラの生演奏を聴きにいきましょう。自然の鳥や波の音や木々のささやきを聴きましょう。「聴く力」はあなたの人生を豊かにしてくれます。

聴く感性を磨くレッスン

耳を優しく揉みほぐしましょう。目を閉じ、口も閉じて「ん〜〜〜〜〜」と、鼻の奥の方で音を出してください。脳にその音を振動させるようなつもりで。何回か繰り返してください。はい、これだけです。

この「ん〜〜〜〜〜」には、癒しの波動と言われる「f分の1のゆらぎ」がありま す「f分の1のゆらぎ」は、「ゆらぎ」を周波数で表した時に、最も生体に快感を与える周波数だと言われています。人間の声にも「ゆらぎ」はありますが、その人が怒っていたりイライラしていると、その人の声の周波数からは、残念ながら「f分の1のゆらぎ」の周波数は検出できません。同じ人でも、機嫌がよく、幸福を感じている時の声からは「f分の1のゆらぎ」は検出されます。「ん〜〜〜〜〜」は安定した振動を常に作りだせるので、わざと唸るような音をださなければ、私たちは自分の「ん〜〜〜〜〜」で癒されるのです。しかも、癒しの波動を感じる訓練にもなります。

そうそう、小耳ネタですが、人は機嫌が良いと無意識で鼻歌を「フンフン」と歌っていることがあると思いますが、まさにこの鼻歌が「f分の1のゆらぎ」なのだそうです。

おもしろいことに、ゴリラも機嫌が良いと鼻歌を歌います。大きなゴリラが可愛く身体を横にゆらしている姿はテレビなどで観たことがあると思いますが、鼻歌を歌いながらゆらゆらしているとのこと。人間とゴリラのご機嫌な姿が同じだなんて微笑ましいですね。

エネルギーマスターになる3つ目のポイント　エネルギーを感じる

「感じる」感覚は右脳の感覚です。感じたものを判断したり、批評したり、ダメ出ししたりするのは左脳です。似たようなものに、好き嫌い、快不快がありますが、これは本能ですので、左脳での選択ではありません。

左脳ももちろん大事です。しかし、左脳が喧嘩やうつ病、ねたみ、嫉妬を作っているのも事実です。とはいえ、左脳は左脳の仕事をちゃんとしているだけなので、右脳を活性化してあげればいいのです。

右脳を活性化するには「感じる」ことです。ただ感じる。それだけで右脳は大喜びします。人々の右脳が活性化すればするほど、世界には平和が訪れます。それは、右脳が見ている世界は感覚の世界であり、すべての人がエネルギーで繋がっていて、誰一人分離していない、孤独がない世界だからです。

「私はあなたで、あなたは私。私たちは一つ」と言いたくなるような世界です。だから、戦うはずはありません。自分が、人が、この世が愛おしく、美しい世界こそ、右脳が感じる世界です。感性（かんせい）を磨き、神性（かんせい）と繋がり、この人生を完成（かんせい）させるのです。

私たちが生活しているこの地球。はっきり言って、目で見えないものの方が圧倒的に、目で見えるものより多いです。それが地球どころか宇宙になれば、さらに目で見えないものが多くなります。一言で言えば、人間が目で見えているものはほんの少しなんです。肉眼で捉えられない多種多様なエネルギーの中で私たちは生きています。だから、私たちはエネルギーを感じられるようになった方が安全に快適に暮らすことができます。

たとえば、最近は泥棒も詐欺師も見た目ではわかりません。逆に、プロの詐欺師は第一印象で人を騙せることを知っているので、見た目の重要性を知っています。本物の詐欺師ほど見た目に気をつかい、詐欺師に見えないようにしているはずです。ですから、私たちが目で見える情報だけに頼っていたら、目で見える目の前の詐欺師が人を騙すような人に見えていなかったら、私たちは見事に騙されるのです。

では、騙されないためには、どうしたらいいのでしょうか？

それは、その人のエネルギーを感じることです。気配とも、雰囲気ともいえるものです。見た目以外のその人の情報は、その気配や雰囲気の中に入っています。一流のプロは雰囲気まで良いかもしれませんが、それでも必ず、怪しい気配や、危険な雰囲気はすべてを隠すことは無理です。なぜなら、見た目を取り繕うことができても、エネルギーは嘘をつけないからです。

現代人の私たちは、エネルギーを感じる能力を、すっかり過去に忘れてきています。本来なら、誰でももっている「エネルギーを感じる」能力ですが、錆びているのが現状です。

そこで、錆びをとって全身でエネルギーを感じ取れる能力を蘇らせましょう。

1．香りのエネルギーを感じる

香りは左脳と右脳を刺激する

香りはそこにあるのに目では見えません。ましてや触れることもできません。

しかし、そこに香りは確実にあります。そして、いつのまにか消えていきます。

香りは消えても、その香りの記憶を私たちの脳にきざんでいくものです。

香りを意味する英語のPurfumeは、ラテン語のPer Fumum（煙によって）が語源です。

これは人間が香りを利用するようになったのが、火を発見した時からだと言われているからです。

たしかに、古代は、現代のようにアロマセラピーで使用する精油のような蒸留精製されたものがなかったので、杉や白檀、アイリス（あやめ）の枝や茎や根を火で焚いて、良い香りのするその煙をさまざまな用途で使っていました。

特に、神と繋がる儀式、神へのお祈り、捧げものとして薫香をしていました。

煙の場合は、薫りが広がりながら天に向かって、くゆりくゆりと立ち上る様子が目で見えるので、その香りが神に通じるものだと感じたのかもしれません。

また、香りは鼻の穴から入り、左脳と右脳の両方を刺激してくれますので、いつもより脳が活性化します。左脳は、いつもより情報処理が多くなり、頭が冴えた感じがします。同時に右脳も活性化するので、イメージや感覚が鋭敏になります。

この両脳の刺激は、「速読」をする時の脳の使い方のようで、感覚視野が広がるそうです。エネルギーマスターには、ぜひ今回のレッスンだけではなく、日常生活に香りを取り入れていただきたいです。化学物質や香料で作られた香りでは良い効果がないので、あくまで自然から抽出された香り、または、自然のままの植物の香りがお勧めです。

私は10代の時にフランスで「精油」に出会いました。その小さな瓶の蓋を開けて鼻を近づけた時に、まるで雷に打たれたような衝撃が全身を走りました。自然の植物の香りが一気に鼻から脳に届いた時の脳の目覚めだったのでしょうか？　それとも、それがその後、私の職業になるのだという香りからのメッセージだったのでしょうか。

香りは時には激しく、時には優しく、私たちに何らかの気づきをくれます。

香りのエネルギーを感じるレッスン

好きな香りの精油をひとつ選び、両方の鼻の穴からその香りを吸い込んでください。吸い込んだら目を閉じ、香り（エネルギー）の後を追ってください。香りによってはそのまま上（脳）の方に上がっていき、額あたりから抜けたり、また、鼻からのどを通って、胸の当りでたまっていたり、または、鼻から首、肩でとまって、腕を通って手先から抜けたとか、香りによっても、また、同じ香りを使っても人によって、その香りのエネルギーの通り道は違います。何となく香りがすべて抜けた感じがしたら、目を開ける。

どうですか？　目で見えない香りというエネルギーを感じられたでしょうか？

2．手のパワーを感じる

遠赤外線エネルギーが、私たちの手から出ている

古代から手当て療法は世界のあちらこちらにあったと言われています。その頃の手当て治療の多くは宗教的なものと結びついていたようです。手当て療法をしていた人は、宗教の教祖、特別な力が備わった人、また、修行鍛錬を積んだ人、その村の長などでした。

日本でも古神道や修験道で、手当て療法が実践されていたと古い文献には残っています。

いまから100年前には臼井甕男（うすいみかお）という方が、手当て療法を中心とした民間療法の一種「臼井靈氣（れいき）療法」を創始しました。この手当て法は100年をかけて世界中に広がり、国内外問わず、治療家やヒーラーの多くはこの手法を学んでいるようです。現在「レイキ」「REIKI」「○○式霊氣療法」はすべて臼井式からの流れです。

また、中国では、中国5千年の歴史において、全身に氣が流れていて、特に手から氣が

出入りしていることは周知の事実です。手当て療法の中でも古くから確立されていた「氣功治療」は中国発祥です。

なんだかすごい力があるような「手当て療法」ですが、そもそもの手当ての始まりは、お母さんが、痛がっている子どものお腹に手を当てたり、頭が痛い時に額に手を当てることから始まった、誰でも持っている手のパワーを普通の生活の中で使っていたものです。

そうです。手当ての力は誰にでもあります。その理由は人体からは誰でも微量の「遠赤外線」が放出されているからです。

「遠赤外線」はものを温める力があります。しかも表面だけではなく、ものの芯まで温める力が特徴です。電化製品でも「遠赤外線」と名の付く商品は人気があります。遠赤外線魚焼き器、遠赤外線焼き芋マシンなどは中までホクホクさせ、味が濃厚になる感じがあります。遠赤外線を発する素材で作られた毛布、カーペット、毛糸のパンツは温泉に入っているようななんとも言えないじんわりくる暖かさがあります。

人の手も同じです。いえ、それ以上の効果があります。

人から発する遠赤外線は太陽光線の発する遠赤外線エネルギーと同じ波長が含まれています。同じ波長部分は、太陽を浴びると共鳴して、皮膚から体の内部に取り込みます。この太陽のエネルギーは生命の代謝、育成、成長に欠かせないものです。

もう一度言います。この太陽の遠赤外線エネルギーと同じものが、私たちの身体から、手から出ています。誰からもです。

このように手の癒しのパワーは最初から人に備わっているものですが、まさか、自分の手が人を癒せるなんて思いもしないのが普通ですから、今まで手当て療法を試すこともなかったと思います。

また、ハンドパワーは特別な人が持っている力で、自分にはそんな力がないと決め付けてきた人もいるかもしれませんね。つまり、潜在的な手のパワーが発動するきっかけがなかっただけです。

セミナー等で高い授業料を払わなくても、ハンドパワーの回路は誰でも最初からありますし、開いているものです。「誰にでもできる。自分にもできる」と、ほんのちょっと意識を変えて、ほんの少しの練習で、簡単に格段に手のパワーは上がります。極端な言い方ですが、万が一パワーが弱くても、人が人に触れることだけで、意識せずともそこに愛情の交換が生まれます。愛情の交換とは生命エネルギーの交換です。だから、手当て療法は元気になるのです。

まず、両手を温かくなるまで擦り合わせます。次に、そ〜っとゆっくり静かにその両手を5センチほど離します（手の平が向き合っている状態）。ここでは手の平のピリピリ、チリチリする感覚を感じてください。さらに、10センチ〜20センチほど両手の感覚を開けます（手の平は向き合ったまま）。両手の間に透明のボールがあるイメージをしてください。この状態で癒しの手のスイッチが入ったので、痛いところや不調箇所に当てて、セルフヒーリングができます。

手の皺と皺を合わせると「しあわせ」という仏壇屋さんのコマーシャルが、私が子どもの頃ありました。だいぶ昔です。私は子どもながらに上手い駄洒落だと感心していました。手は祈りにも使い、感謝も表現できる高貴なものです。手の語源、由来は左手は「火足りて」、つまり、火・男性性・陽を表すもの。右手は「水極まりて」、つまり、水・女性性・陰を表すものということで、火と水で（火水＝かみ＝神）です。

私たちは、手を合わせることで、目の前に神がいたということです。

3．ありのままの自分を感じる＝自分に正直になる

ありのままの自分を感じるには、自分に正直にならないと感じられません。

もしかしたら、自分に嘘をついていることにも気がつかないくらい、自分を置き去りにしている人もいるかもしれません。

自分につく嘘で傷つくのは他人ではなく、いつもその人、本人です。

たとえば、本当はいやなのにいいよって言ったり。本当は断りたい女子会だけど、仲間はずれにされるのが怖いから参加したり。しかも「誘ってくれてありがとう！　嬉しい」なんて、心にもないことを言って、さらに自分に追い討ちをかけたり。

自分の本音と向き合うのが怖くて辛いから、忙しさで誤魔化してみたり、気がつかないふりをしたり。本当はネガティブなのにポジティブなふりしたり、本当は疲れているのに元気なふりをしたり。本当はもう好きじゃないのに、一人になるのが寂しいから恋人と別れなかったり。困ったことに、これらの嘘には正当な理由までたくさん用意されているから、自分の正直な気持ちが、あたかも最初から間違いだと思わせるような、高度なマインドトリックまで使う人もいます。長年自分に嘘をついていると、また、正直な気持ちを無視し続けていると、自分が本当は何をしたくて、何が好きで、どう生きたいのかさえわからなくなります。

どうしたら、正直な自分を取り戻せるのでしょう。どうしたらありのままの自分を受け入れることができるのでしょう。

それはとても簡単な方法ですが、慣れるまでは落ちつかないかもしれません。嬉しい時は嬉しい、悲しい時は悲しい、不快な時は不快。自分だけは自分のその時の感情をちゃんと知ってあげることです。否定もせず肯定もせず。

エネルギーで満たされたこの世界ですから、エネルギーを誤魔化すことはできません。無理したら無理の結果が、ありのままならありのままの結果がただ出るだけです。

自分の正直な気持ちを無視して、無理して「良い人」をしていると、その無理が結局は自分の心身を蝕みます。エネルギーも正直ですが、心身も正直です。あなたの人生は、あなたそのもののエネルギーが現実化されているだけです。

だから、自分に嘘をつくのは、もう終わりにしましょう。今まで、我慢したり、嘘をついたりすることでうまくやってきたと思っている方もいると思いますが、我慢にも嘘にも限界はあります。また、意外と他人は、そんな我慢や嘘には気付いていますし、気付いていても、気がつかないふりをして、他人の優しさや人の良さを自分に都合よく利用しようとする人もいます。この世の真実は、我慢も嘘も必要ないということです。

何千年も何億年も宇宙が始まった時から、エネルギーは普遍です。エネルギーの法則や鏡の法則、引き寄せの法則などは古代からあったはずですが、近年は、さまざまな良書のおかげで、より多くの人々にエネルギーの特徴や使い方が広まったように思います。

100年前にすでに出版されていた元祖引き寄せ本を書いたウィリアム・W・アトキンソンもその著書の中で、また、それを元に現代風にアレンジし、2006年に出版されたロンダ・バーン著の『ザ・シークレット』(角川書店)にも同様のことが書かれています。「この宇宙は豊かです。自分が本当に感じている自分の価値に見合った引き寄せが起きるだけです」というようなことです。

豊かな宇宙としっかり繋がり直すには、いま一度、本当の自分に戻ることです。

自分に嘘をついて生きても、本心や本音がなくなることはありません。せいぜい心の隅っこに追いやるくらいですが、やっかいなことに隅っこで拡大していきます。「なかったことにする」「感じないようにする」そんな誤魔化ししかできないのです。

正直な気持ちと嘘の矛盾が大きければ大きいほどストレスとなり、行き場のない、消えることもできないその感情はネガティブなエネルギーの塊として、身体の中でふつふつと燃え続けます。「病気のしくみ」のところでもそれを書きましたが、それが、将来病気の種になることは自然なこと。

自分の幸福の邪魔をしているのも自分。自分の本当に生きたい生き方の道を塞いでいるのも、そんな自分だったのです。

わかりますよ。正直になって嫌われるのは怖いですよね。わかりますよ。正直になって、いまの仕事をやめると将来が不安ですよね。正直になって、チャレンジしてもし失敗したらどうしようって思いますよね。

わかってますよ。わかっているけれど、あなたには正直に生きて欲しい。

だって、正直に生きてこそ、本当のあなただから。


さて、ここで、ちょっと不思議体験をしていただきます。

こんなワークをしてみましょう。

行動している私とそれを知っている（見ている）私

今日は1日「行動している私」と「それを知っている私（見ている私）」を意識してください。「行動している私」とは、いつもの私です。朝から寝る時まで何も気にせずに、いつものように生活してください。いつもと違うのは、「それを知っている私（見ている私）」をずっと意識し続けるところです。「それを知っている私（見ている私）」は、行動しているいつもの私をちょっと離れたところから客観的に見ることと同じです。

あっ、いまごはん食べてる、魚好きだから喜んでるな。

朝から身体が重いな、会社行くの嫌だからだな。

足、ぷらぷらさせて鼻歌うたってる。機嫌いいんだな。

電車の中でイケメンをガン見している、目が合うのを待っているんだな。

仕事の最中の顔、固まってる、無表情で怖いんですけど。


このように、行動している私を、まるで第三者が見ているような感じです。

人はつい、肉体や感情のパターンにはまり、同じことを繰り返しやすいのですが、このレッスンをすると、冷静に、客観的に自分の行動パターンや感情の癖がわかり、何をどうするべきかが見えてきます。また、意外と身体や心を無視して動くのが当たり前のように使っていることにも気がつくかもしれません。

黒柳徹子さんは、身体があり、健康であればこそ仕事ができるのだと、毎日入浴時や就寝時に、足の指1本1本から臓器の一つひとつにまで「小指ちゃん、ありがとう。肝臓ちゃん、ありがとう」と1時間くらいかけて感謝をしているそうです。

そこまではできなくても、見習いたい習慣です。身体は私たちの魂の容れ物ですから、綺麗に健康でありたいものです。

また、肉体は今回の人生でさよならですが、「それを知っている私（第三者的な私）」はあの世に一緒に帰る意識体なので、切っても切り離せないものですから、そろそろその存在に気づき、仲良くなっておくことをおすすめします。

このレッスンは、ありのままの自分をそのまま感じるものです。ありのままの自分を感じることが上手になり、自分の感情というエネルギーもこんな風に取り扱えるようになります。

今までも、嫌な気持ちになったことは何度もあると思います。

今までと今日からの一番大きな違いは、こんなことです。自分の中で何かネガティブな感情が湧いてきて、それに気がついているのにその感情を無視してきたのが今まで。これからはその感情を無視せずに、その感情も私の一部なのだと理解し、受け入れて認める。

感情を操作しないことが、自分に正直になるということです。

もう自分の中にあるネガティブな感情を怖がらないでください。ネガティブな感情が悪いわけではありません。

「感情をどこかに押し込める」ことと、「感情を認め、受け入れる」こと。これにはその後の人生を激変させるほどの違いがあります。

「感情をどこかに押し込める」と、そのネガティブな感情が必ず人体のどこかに残っています。1日に5回ムッとしたら、5回分の「ムッ」が胃や腸や脳や腰や腎臓に溜まります。エネルギーだからレントゲンでは見えませんが、なくなるはずはありません。

「感情を認め、受け入れる」と、感情のエネルギーが行き場を失い、さまようことがなくなるので、安心してプラスマイナスで0になっていきます。

感情を無視し続けると怒りが自分に向けられ、自分を苦しめたくないのに苦しめ出します。自らの感情の荒波で遭難してしまいます。

感情を認め、受け入れてあげると、「わかってくれたんだ」と満足して、わかってくれたことに感謝をしてくれて、さらに、わかってくれた自分を好きになります。それにより感情が安定して、自分の幸福の邪魔をしなくなります。

ほんの些細なことで、その結果はのちのち大きく変わります。

自分のことをわかってほしい。それは誰しもが持っている共通な思いですが、まずは、自分が自分のことをわかってあげること以上に大切なことはありません。

エネルギーマスターになる4つ目のポイント
自分で自分を癒し、整理する

基本セルフヒーリング（自分で自分を癒す）がメインです。あなたを本当に癒せるのはセラピストでもヒーラーでもありません。あなた自身です。

自分の人生の達人であるエネルギーマスターになるには、過去の整理ができていることが重要です。多くの人は、無意識ですが、過去に影響されているものです。

自分で自分を癒す前は、あれに傷つき、その言葉や人に反応してしまい、あの人は苦手で、あっちの人は嫌いだけど、この人には依存しているとか、傷つくのはもう嫌だから、自分が傷つく前に人を傷つけたり、傷つくくらいなら最初から人と関わらないなど。または、絶対に自分は間違っていないと思い込んでいたり、逆に、自分に自信がないから、自分の人生を誰かに決めてもらったり、人生を占い師や教祖に明け渡すような人などがいます。これらのどれか一つでも該当するなら、自分で自分を癒し、整理する価値は多いにあります。

あなたの人生はあなたのものです。と同時にこの宇宙のものです。

また、あなたのエネルギーの状態通りの現実が、ただ次々目の前に現れてくるだけですだから、まず自分のエネルギーをすっきりさせてください。道が開け、満たされるのは、実はそこからなのです。

灯台下暗し。私たちは長い間、自分に不足している何かを埋めるために、知識や体験に多額のお金を使ってきました。それは決して無駄ではありませんし、何かを得たことは事実としてあるでしょう。しかし、それでは埋まらないのです。満たされないのです。

なぜでしょう。

それは、私たちには、最初から不足しているものはないからです。

本当は不足ではなくて、余計なものがくっついて、いびつになっていただけです。余計なこだわり、余計なプライド、余計な思い込み、余計な知識、余計な勉強、余計な不信、余計な執着。傷ついてへこんだり、怒りで膨れたり、悲しみで溶けたり、自信がなくて小さくなったり、いびつになりました。私たちはエネルギー体だから変幻自在です。自信がある時は大きくなり、自信がなくなると小さくなる。そんな自分を感じたことはありませんか？

この過不足の問題は、肉体の病気になった時、特に、癌などの重い病気が見つかった時に顕著です。一般的には、「癌になったらどんな栄養を摂取したらよいのか？」というように、何かが足りなかったから、癌になったのだと考えやすいようです。しかし、癌に限らず、たいがいの病気は、何かを足すことで治るわけではありません。

逆に、今まで肉体に負担をかけていた、保存料、加工品、砂糖、小麦粉などをどれだけ減らせるのか、心に負担をかけていたことを、どれだけ自分で癒し整理することができるのかが、まずは、重要なポイントです。

足し算の思考ではなく、引き算の思考が必要なのです。

不思議なもので、病気が見つかるとほとんどの人は肉体に何かを入れようと考えます。しかし、人間の肉体も心も器として考えると、限界があります。限界を越えたから、心身の疾患が出てきたのですから、器から溢れているのに、さらにその器に青色の薬、赤色の保存料などを入れていたらミックスされて、最後はまだらな汚い色になってしまうのです。

あせらずに、一つひとつ精査して、引き算をしていくことで、肉体、心、生活、人生をシンプルにすっきりさせ、本当に自分が求めていたものを見つけるきっかけになります。

たしかに、人生は、半分はあの世で決めたあらすじがあります。どうしても避けられない部分があります。それは受け入れないと始まりません。たとえば、性別、両親、容姿などです。もちろん、いまは性同一性障害と医師からの証明書があれば、性別適合手術も受けられ、戸籍上の性別も変更ができます。両親が嫌なら、一生会わないことも可能でしょうが、今回の人生での縁は切れません。容姿も美容整形手術が一般的になってはいますが、整形をすることをあの世で計画立ててきたとは考えづらいので、本来はその容姿を選び、その容姿で乗り越え学ぶ計画を立ててきたのだと思います。

とはいえ、整形をしたい人の気持ちを否定するつもりはありません。前向きな気持ちで整形をしているのなら、その後の後遺症や健康被害を抜きにすれば、決して負のエネルギーではないと思うからです。

もし、今回の人生を納得していなかったり、また、生まれたくて自分から生まれたんじゃないと未だに思っていても、もう、「ここにいる」のは事実なので、覚悟してなんとかしましょう。

自分から逃げても逃げられない証拠

1. 地球から逃げられても、宇宙圏外には行けない。
2. 一番辛いと感じている自分から自分は逃げられない。逃げても逃げてもついてくる。最強の影法師が自分。
3. 自ら死を選んでも、あの世ではすべて記録されているので、逃げられない。なかったことにできない。
4. 残念だけど、逃げられない。

実際、霊界には、嫌なこと、苦手なこと、見て見ぬふりをしたものから逃げ切ったつもりの方々がたくさんいました。どの方も、あの世に行ってから逃げられなかったのだと悟り、逃げたことを100%後悔していました。ただ、霊界に還ると気楽になる人も多く、笑って「ははは、逃げられなかったよ〜」という感じの人の話も多かったです。

悪いことは言いません。今日から「自分で自分を癒しましょう」。

「私は大丈夫」と思っている方も、どうぞより深く自分と向き合い癒してあげてください。「○○セラピー受けてきたから大丈夫」「○○先生に視てもらったから大丈夫」と思っている方も、進化と成長に終わりはありません。さらに「自分で自分を癒し、整理しましょう！」どこまですっきりできるか試してください。

何回もしつこく言いますが、エネルギーは心の奥や頭の隅に隠していても、実際はなくなっているわけではなく、どこかにあるので、それがずっと自分の心のひっかかりになっているものです。

私は癒される前から、霊視の能力やエネルギーを感じる力はありました。だから仕事はできるし、神意も手にとるようにわかりました。どうしたらいいのかもわかるし、この人はこれがこうなってこうだから、こうなんだ、というエネルギーの原因から結果までの流れも視えます。

しかし、癒されていない部分が、やがて仕事に影響を及ぼすようになってきました。ある日気がついてしまいました。私はのん気な人、甘えている人、幸せそうな人をみると、つい意地悪を言ってしまうのです。人に優しくない。意地悪。これは癒されていない人の一つの特徴だといえます。

意地悪をしている自分のことはわかりますから、そんな自分の心の狭さや乏しさにげんなりしました。人に光を指し示す仕事をしているのに、少しでも苦しみから楽になりたくて私を訪ねてくれた人に対して、私が妬んだり、羨んでどうするんだと反省したのです。

人はある部分、ある状況、ある人種、あるキーワードに反応することがあります。その反応するものこそ、本人にひっかかりのあるものです。

先にも書きましたが、私は幸せそうな人、甘えている人、努力しない人、ちゃんとしていない人、のん気な人が嫌いでした。なぜそうだったのかは、今はわかります。周囲と比べ、不公平だと感じていた自分の人生からみて、幸福な人を妬んでいた時期でした。また、私の母親や義理の父が、甘い、努力しない、ちゃんとしてない、のん気な人で、その親たちとの生活で、明日のご飯も不安だったし、振り回され、辛かったから、そういう人と関わることに恐れがあったのだと思います。嫌いというより、怖いが本音です。

まさに、これらはすべて過去の出来事によって作られた、傷ついたという記憶。だから、二度と傷がつかないように、自分を守るために、キーワードの人や状況が目の前に現れると、構えるか、離れるか、プロテクトするか、攻撃するかになります。そうしないと、また自分が痛い目に合う、または負けると思い込んでいるから。

実際は、構えても、離れても、プロテクトしても、攻撃しても、その傷が癒されることはないんです。過去の出来事による嫌な記憶も、奥の方に隠してあるので、あるのはある。記憶というエネルギーがあるうちは、また、自分で似たようなキーワードや状況、人物を引き寄せてしまう。だから、「過去の自分を癒し、整理する」ことをおすすめします。

そこで、私は一大決心して「自分を自分で癒し、整理し、救う」プロジェクトを発動しました！

トラウマの塊のような私自身、最高の実験台でしたし、ありがたいことに、スタッフやお客様で、過去を癒し、整理したい人たちがたくさんいたので、試行錯誤でどんどん改良して、いまのシンプル、かつ最大の効果を実感できる形に落ち着くことができました。

それを今回、あなたにお届けできることは、最高に幸せです。あなた一人の過去が癒され、整理されるだけで、地球の波動はあがります。それほど、一人ひとりのエネルギーというのは同じ人間同士にも、地球にも宇宙にも影響があるということです。

さて、その結果、癒された私にどのような変化があったでしょうか。マイナスに捉えていた親や義理の父の性格性質には、良い面もたくさんあったのだと発見できました。

家庭人として、親としては不安定でしたが、だからこそ、安定した一般家庭では経験できない、人生にダイナミックな冒険もできたし、苦労から学ぶことができたと言えます。

闇から光を見つけ、掴む。

自分を癒すとはそういうことなのではないでしょうか。


ここまでのワークはどれもシンプルで簡単なものです。継続した時の効果は凄いものがあります。

これからお伝えするインナーチャイルドのワークは、ここまでのワークよりボリュームがあります。自分にはインナーチャイルドの整理が必要だと自覚している方はもちろんですが、自分の天才脳を目覚めさせ、潜在能力を開花させたい方は、ぜひ、覚悟してチャレンジしてください。どのくらい変化が起こるのか、ぜひご自身でお試しください。

自分で自分を癒す：小梅式本気のインナーチャイルドセラピー　潜在意識編

ここでは主に、子どもの時の経験によって作られた、思考や心の癖、思い込み、大人になっても続く変な癖、消えない悲しみや自己不信などがどこから来ているかチェックして、実際にそれを手放していきます。

本気で自分で自分を癒す年齢は、潜在意識編では20歳〜4歳です。20歳といえば成人なので、インナーチャイルドという呼称と違和感を感じる方もいらっしゃると思いますが、本当は30歳からインナーチャイルドと呼びたいくらいだと、実際、このセラピーの実験を重ねてきて思います。それだけ、ある程度まで子どもの時のトラウマの影響が色濃く残っているということです。

20歳というのは、数字の切りが良いので20歳にしただけで、実際のインナーチャイルドセラピーでは、20歳〜4歳との向き合いが終了したら、無意識編の3歳〜母体内へと続き、最後、希望者は21歳から現在の年齢までの向き合いもできます。ただ、この場合、さすがに21歳〜現在の年齢に対してインナーチャイルドという言葉を使うことはありません。

まずは、潜在意識に強い影響を持つ20歳〜4歳のセラピーを始めてみてください。

1. 椅子、ソファ、ベッド、お布団、リラックスできる場所を選んでください。
ベッドとお布団を選んだ場合、寝てしまうこともあるので、要注意。

2. 軽くグラウンディングして、呼吸を整えます。心の中で宣言をします「いまから、私

（名前）のインナーチャイルドの整理をします。」インナーチャイルドの整理は目を閉じたままやります。
3．目を閉じている状態で、目の前に20歳の自分を呼び出します。「20歳の（名前）ちゃん出てきてください」。呼び出しても一向に目の前にイメージが出てこない場合は、呼び出す方法ではなく、思い出して目の前にイメージする方法でも大丈夫です。
4．目の前に20歳の自分がいます。向き合ってください。もし、そっぽを向いていたり、どこか隅にいるようでしたら、声をかけて目の前にきてもらい向き合います。
5．目の前の20歳の自分に挨拶をします。「長い間、放っておいてごめんなさい。ようやくあなたの話を聞きにこれたよ。」
6．目の前の20歳の自分に質問をします。「20歳の（名前）ちゃんにとって、辛かったり、納得がいかなかったり、悲しいことなどありますか？　あったら何でも遠慮なく私に話してください。いまの私は受け入れる準備ができています。」
7．
Aパターン：すぐに20歳の子自身が返答をくれる。
その返答は、
1．なんとなく気持ちが伝わってくる

2．声なき声が聞こえる
3．その時の記憶を思い出す
4．人によって1～3以外もありえる

Bパターン：20歳の子が無言。
その場合、こちらから質問を投げかける。質問は人によって、その時の環境は違うので、それに合わせてください。下記の例は20歳で大学に通っているという設定なだけです。
例1「20歳の頃、学校はどうだった？　楽しかった？　勉強は？　友達は？　恋人は？」
例2「20歳の頃、家は居心地良かった？　お父さんのこと好き？　お母さんのことは？　兄弟のことはどう思ってる？」
例3「20歳の頃、何を考えてた？　自分のことは好き？」
例4　その他、自分の環境を思い出しながら、「これはどうかな？」と探ってあげる。
これらの返答は、
1．なんとなく気持ちが伝わってくる
2．イエス、ノーで答えてくれる
3．声なき声が聞こえる

4．その時の記憶を思い出す

5．人によって1〜4以外もありえる

8．7である程度の質疑応答を繰り返し、もう20歳の子が話すことがなくなってきたと思ったら、「(名前）ちゃん。もう私に伝えたいことはない？　もう大丈夫？　すっきりした？」と確認する。

〈確認方法〉

Aパターン：20歳の子が頷いたり、笑顔、または「うん」などの合図の確認。

この場合→9番、光の抱擁と統合へ。

Bパターン：20歳の子がまだ話し足りなさそうだったり、表情が暗かったり、また、「まだ話したい」などの合図の確認。

この場合→7番の質問事項をあれこれ探りながら、質問する。または、「(名前）ちゃん。何を話しても大丈夫だよ。私はあなたをもう見捨てないし、守るから、私を信じてくださ い」と言って、20歳の子の心の一番奥にあったものを引き出してあげる。

9．インナーチャイルドを光にして抱擁し統合する。

目の前には、過去の整理されなかったこと、大人になってすっかり忘れていたこと、まさかそんなことに傷ついていたの？　と思うような些細なことを話し終えた20歳の自分がいます。その子に「今日はありがとう。いまから、一度天に戻り光のシャワーですっきりして、光を満タンにしてからまた目の前に戻ってきてください」と言います。その通りのイメージを作る。目の前にはピカピカの20歳の子がいます。その子に感謝の言葉や慰労の言葉を投げかけながら、抱擁し最後は自分に引き寄せて、自分のなかに溶かします（統合）。

これで完璧です。

インナーチャイルドとの対話が終わり、最後に統合する際に、インナーチャイルドを光にしてから自分に融合させる方法は、２０１７年、私の元で癒しを勉強してくれた生徒さんの実体験から教えてもらいました。今帰仁村在住のＫさんありがとう！　この光にする方法は何十年も思いつきませんでした。インナーチャイルドが笑顔になったから終わりみたいに思ってましたが、そもそも、私たちは光から生まれた存在なので、光のエネルギーを充填してから自分に戻すって最高の方法です！

10．20歳が終わったら、19歳、次は18歳と進めてください。この方法では20歳から4歳まで1歳、1歳、同じやり方で癒し、整理することができます。

愛の土台と言われている3歳から母体内の癒しと整理は究極です。実際に体験していただく前にすべてはお話しできませんが、ここは潜在意識どころか、3歳～母体内の子たちはすごいですよ。癒される前は、普通の子どもたちですが、癒された後は、「あなたはどなた様ですか？」と聞きたくなるほどの賢者です！

小梅式本気のインナーチャイルドセラピーの醍醐味は、潜在意識や無意識と繋がること

ここまで、自分で自分を癒すことの重要性をしつこく書かせていただきました。なぜそこまでインナーチャイルドの問題（過去の幼児期のトラウマ）と向き合う必要があるのでしょうか？　過去は過去でもう終わったんだから、気持ちを切り替えて先に進んでいく方が無駄もなく、賢明ではないのでしょうか？

実際、スピリチュアルな考えの中に、「未来が過去を作る」というものがあります。

これは、どんなに悲惨な過去だとしても、今と今からの未来が明るいものなら、過去もすでに明るいものになっているであろうという考え方です。

これは本当にそうだと思います。たとえば、過去に手痛い失恋をした女性が、ずっとその失恋をひきずっていたとしても、ある男性との出会いで結婚をして幸せな生活を送り出すと、たいがいその女性は、「あの時、○君が私を振ってくれたから、今の主人と出会うことができました」と言います。

これ以外にも、こういうことはあちらこちらで聞く話です。

過去も悲惨で、今も悲惨で、未来も悲惨だと、過去が良い思い出や経験になりませんが、

今からの生き方次第では、悲惨な過去も感謝に変えることができるということですね。

私は、過去の癒しと整理が絶対誰にでも必要だとは思っていません。こう思っています。本当に過去に1ミリも引っ張られていないのであれば、本当に過去は過去ってすっきり割り切れていれば、過去の嫌な記憶を思いだしても反応も影響も受けていないのであれば、過去の出来事をわざわざほじくらなくてもいいと思います。

しかし、私が今まで出会ったすべての人とは言いませんが、ほとんどの方は、過去の影響を受けていました。人間には、自分では計り知れない意識の奥の奥があります。それが潜在意識や無意識と呼ばれるものです。

願望実現、成功法則、幸福の追求に関心があった方は、潜在意識という言葉を聞いたことがあると思います。潜在意識が人の人生に大きく左右していると、いち早く着目したのはかの有名な心理学者ジクムント・フロイト博士です。フロイトはその後の研究で、潜在意識が私たちの普段の行動、思考、意思決定に大きく関与していることを発見しました。

意識には、私たちが普段意識している顕在意識と、無意識の潜在意識があります。意識が二重構造になっていると言えます。それゆえ、自分の中の矛盾に気がつかず苦しんでいる人が多いのです。

フロイトは意識をこのように表現していました。「普段、私たちが意識している顕在意識は氷山にたとえると、海面の上に顔を出しているほんの一部分にしか過ぎない。海中に沈んでいる大部分が無意識の潜在意識で構成されている」と。

ということは、顕在意識がポジティブで波動が高い状態だとしても、潜在意識が重く、暗い記憶のままだと、意識の大部分を占める潜在意識の波動が低いということになるので、全体を合わせた平均波動は中位か低めとなります。

そうなると、本人としては「私は頑張って自分を癒し、ポジティブになったのに、なぜ人生に良い変化が起きないのだろう」と悩み、「結局、私は何をやっても駄目なんだ」という思いが出る可能性があります。この「私は何をやっても駄目」という、口から出てしまった言葉こそ、その人の無意識の中にあった、自分の評価なのです。

小梅式本気のインナーチャイルドセラピー　無意識編

さらにより深く自分で自分を癒す潜在意識と繋がる実践

潜在意識は「小梅式本気のインナーチャイルドセラピー」の20歳~4歳のセルフヒーリングだけでも、相当クリアになっています。今回はさらに深い奥にある無意識に繋がりましょう。

思ってもいなかったこと、考えたこともないことが浮きでてくるかもしれません。

では、これから、「愛の土台」である3歳～母体内に着手します。

1. 椅子、ソファ、ベッド、お布団、リラックスできる場所を選んでください。ベッドとお布団を選んだ場合、寝てしまうこともあるので、要注意。
2. 軽くグラウンディング。呼吸を整えて、心の中で宣言をします。「いまから、私（名前）の3歳から母体内の愛の土台を作り直します。」これも、インナーチャイルドの整理と同じく、目を閉じたままやります。
3. 今回は、「自分を癒す」のインナーチャイルドの時と違い、記憶としてはほとんどない年齢だと思いますので、対峙の方法ではなく、自己催眠をかけるようなやり方です。
4. 10から0まで、ゆっくり声を出さずにカウントダウンしてください。0になった時に、まず3歳の自分が身体の中にいると思ってください。ロシアのマトリョーシカ人形のような、入れ子のイメージです。3歳の自分と大人の自分のハートを重ねるようにしてください。
5. 自分の中に重なっている3歳の自分に声をかけます。「長い間、放っておいてごめんなさい。ようやくあなたの話を聞きにこれました。」
6. 自分の中にいる3歳の自分のエネルギーを感じます。最初は慣れるまでは、細かくなくていいので、元気、寂しそう、眠そう、怒っているなどの一言でも十分です。

7．続けて質問をします。「3歳の（名前）ちゃんにとって、辛かったり、納得がいかなかったり、悲しいことなどありますか？　あったら何でも遠慮なく私に話してください。話せない時は、はいか、いいえを、私にわかるように伝えてください。」

（おしゃべりな子の場合は、声なき声が聞こえてきます。元気がない、または、恥ずかしがり、無口、怖がりなどの子は、はい、いいえをハートか脳を通して伝えてきます。）

なぜ、記憶のない自分との会話ができるのか？　不思議だと思いますが、そもそも二重意識は、決して摩訶不思議なことではありません。本来、私たちはエネルギー体です。あの世では肉体がありません。魂が肉体に繋がり初めてこの地上で生活をしています。ですから、ある意味、私たちは産まれてから死ぬまでずっと、魂の私と肉体の私の二重意識であると言えます。たいがいは、魂の私を忘れながら、肉体の私で生きることが精一杯です。

特に、3歳から母体内ははっきりとした二重意識になっています。これは、今回の人生で、まだ3年しか生きていない今の自分の3歳の時の子としての意識と、生まれる前や、それ以上のことを知っている私という意識の二重という意味です。大人の自分が忘れていても、3歳の自分は覚えています。また、脳は記憶そのものです。海馬の新しい記憶が忘れやすくても、大脳皮質は長期のすべての記憶を保管しています。
ゆっくり、そこに繋がっていけば、必ず思い出されていきます。

現在の3歳の子が癒されると、自分の中の最も崇高な智恵の意識が登場します。ハイヤーセルフとも言われる「最も高次の私」です。

8. まずは、表の3歳の子を癒します。3歳なりにいろんなことを感じ、考えて生きているので、大人の自分から簡単な言葉で質問をしてあげてください。
例1　パパのこと好き？
例2　ママのこと好き？
例3　きょうだいのことは？
例4　何かパパやママに言いたいことやお願いある？
例5　（保育園等に通っていたら）保育園は好き？　先生やお友達は？
9. 返事は、はい、うん、いいえなど。または、ハートか脳を通して伝わってきます。
返事に対しては、「そうなんだね」「わかるよ」「えらいね」などと、受け入れてください。
10. 何回か質問をして、3歳の子がすっきりした感じを受けたら、3歳の自分に感謝と愛の言葉をかけます。「今までありがとう。これからは一緒に生きていこうね。私はあなたを愛します。」

11．3歳の自分が癒されたら、3歳の肉体の中にいる高次の自分に向かって言葉かけをします。「いつもありがとうございます。あなたから、いまの私に必要なメッセージはありませんか？」

この返答は、一言キーワード、漢字一文字で来る場合もありますし、また、諭すように多少上から話される時もあります。この違いは、受け取る人に合わせて、一番理解しやすいものだと思います。

12．自分の身体の中の3歳の子に、天から光のシャワーが降り注がれるイメージで、自分の身体も中の3歳の子も光のエネルギーがたくさん注がれ、キラキラ光り輝いたら、そのまま自分の身体を抱きしめるように、両手を胸の前でクロスします。同時に3歳の子は、自分の身体の中で完全に溶けて、一体となります。

これで終わります。

3歳の時と同じように2歳、1歳、0歳もヒーリングできます。

母体内だけは、自分の中にイメージするのではなく、10から0までカウントダウンをしたら、0の時にお母さんのお腹の中にいる自分をイメージしてください。違いはそれだけです。

先ほど、3歳から母体内は二重意識と書きましたが、これは、私がインナーチャイルドのセッション中に、何人ものクライアントさんが似たような意識状態になったことから、発見し研究したものなので、ここで自信を持ってお伝えできます。この二重意識がここまで明確に出てくるのは、あくまで、このインナーチャイルドのセルフヒーリングのやり方だからかもしれません。既存のインナーチャイルドのヒーリングを試したことはありますが、何回やっても、子どもの自分とだけの対話でした。

実は、二重意識は3歳〜母体内の特権ではありません。20歳〜4歳もそうですし、もっと、広い範囲で言えば、人間は二重どころか、何重にも層になっています。ただ、3歳から母体内の二重意識は、この世に生まれて間もないので、生まれる前のことをよく覚えているという特徴があります。

赤ちゃんが言葉を流暢にしゃべれないのには理由があります。

ぺらぺらしゃべることができると、生まれる前のことや、この世のしくみなどを、無邪気に何でもしゃべりだすからです。

それは決して悪いことではないのですが、生まれ変わりのしくみと同様に、思い出さない方が良いこともあり、知らない方が学びになるからです。

セルフヒーリングの最後に、「いつもありがとうございます。あなたから、いまの私に必要なメッセージはありませんか？」という部分に妙だなと思った方もいるかもしれません。3歳の子が大人にメッセージだなんて。

この方法だと、今世の3歳の子が癒されたら、3歳の肉体の中にいた「高次の私（ハイヤーセルフ）」と繋がりやすくなります。結局、この「高次の私（ハイヤーセルフ）」がメッセージをくれるのです。

「高次の私」からのメッセージは、他人の誰かに言われたらムッとすることでも、不思議と素直に受け入れることができます。あなたのことを一番最も理解してくれている私からの、ベストタイミングでのピントの合った言葉だからです。

「自分の本心もわからないのに、ましてや、潜在意識とか無意識なんてわかるわけない！」と、決め付けないでくださいね。最初はどの人もスムーズにはいきません。感じない、わからない方は、長年使ってこなかった感覚、回路、感性が錆びているだけです。

錆びは落とせばまた光ります。もともとのあなたは光っていますから。

感じない、わからない時は無理に続けなくていいですが、また、日をあらためて、気負わないでやってみてください。一番大切なことは、自分でできない、わからない、感じないと決めつけないことです。

ここで、すでにインナーチャイルドセラピーの20歳～母体内をすべて終了した方の体験談をご紹介させていただきます。他人の体験談でも、どこかが自分と重なるかもしれません。育った環境は全く違っていても、悩みや苦しみは同じかもしれません。ずっと自信をもてなかったり、自分を好きになれなかったり、人を愛せなかったり、信じられなかったりなど。ここに登場してくれる人たちは、あなたの鏡かもしれません。

小梅式本気のインナーチャイルドセラピー　体験談

ここに体験談を載せることを快諾してくださった3人の方は、性別も年齢も、育った環境も職業も違います。共通することがあるとしたら、「良くわからない苦しみ」「良くわからない罪悪感」「そこはかとなく感じる悲しみ、寂しさ」「どこに対してなのかわからない怒り」「自信のなさ」などでした。

これらの一つでも思い当たることがあり、その原因がわからないようであれば、少なからずインナーチャイルドの問題はあるでしょうから、ぜひこのセラピーで自分が自分と向き合い、自分で自分を癒してください。

「産まれたての私」《北海道在住　Ｙさん　40代　主婦・図書館司書》

Ｙさんは、私のブログから連絡をくださった方です。Ｙさんは北海道、私は沖縄在住なので、日本の中でも端と端の関係。まだ一度も会ったことがないんですよ。いろんな方のブログを拝見すると、ブロ友さんという関係性で、会ったことはないけれど、ブログを通し、コメントを通して心の交流をされている方々が多くいらっしゃることを知りました。Ｙさんと私もそんな関係です。最初は通信の霊視鑑定の希望をいただいたところから始まりましたが、その後、笑いのつぼが似ていたので、他愛もない駄洒落を言い合ったりしていました。今年に入り、自然な流れでインナーチャイルドのセルフヒーリングをしてくれることになりました。

以下、Ｙさんが送ってくださった感想です。

＊　＊　＊

今回のヒーリングはインナーチャイルドを20歳から胎内までローラー作戦みたいに、１年１年、一人ひとりていねいに完璧に１００パーセントになるまでやり遂げるという少しハードなセッションでした。

実は今までは、どんなに素晴らしい考え方や成功法則でも限界を感じていました。しかし、いま思えることとは、癒しには限界がないということ。どこまでも自由に広がり、そしてどこまでもクリアになれる。それは宇宙の広がりと同じ。

もちろん、今までもそれらを感じていましたが、もっと次元を超えて深く理解というか、頭じゃなくてたましいで感じる癒し。

それは、一つひとつ自分の足で歩いて行かなければたどり着けない場所。まさにガンダーラ、ユートピア。

それは、歴史的には仏教徒にとってだけなのかもしれませんが、そこに辿り着けたらどんな夢も叶う場所なのかもしれないと思えます。

なんのこだわりもなく、なんのフィルターも通さない世界。見たくないもの、忘れているものを改めて思い出し、真実はどうだったのか？

過去の自分ともう一度一緒に理解を深め、時間をやり直す。

そして、たましいの奥深くの私に愛を伝える。愛を伝えるってこういうことだったんだ。自分を愛するってこういうことだったんだ。

それは心の入り口ではわからない、頭でもわからない、体だけでもない。成功するためのものじゃない。運を上げるものでもない。

自分を知ること。そして、自分でしか自分を癒すことができない。自分で癒すことに意味がある。

いま、産まれたての新しい私。この素晴らしい景色をたくさんの人に見せてあげたい。
それは、右でも左でもなく、真ん中にいる状態。フワフワとした浮ついたものでもなく、どっしりとしてそれでいて、軽く、ただ静かにある。

「傷付いた自分を癒していって」《ハワイ在住　久代直子さん　40代　主婦・セラピスト》

直子さんは、サンフランシスコでお子さんを出産し、その後日本、シドニー、そして2018年からハワイ在住の良妻賢母のセラピストさんです。類まれな感性をもっていて、自然からメッセージを受ける能力は抜群です。その能力はこの本の中でも登場しています。

＊　＊　＊

今やっと自分の原点、0地点に戻り、これから自分の本当の生き方が始まる……。今こそんな爽やかな気持ちです！

このワークでたくさんの自分と出会うことができました。こんなにも傷付いて、でも一生懸命生きて、こんなにもたくさんの思い込みをわざわざ現実に創り出していたんだと気が付いたとき、何というか、もう愕然として笑うしかありませんでした。

母の胎内にいた時に「お母さん、私は本当に生まれていいの？」と感じていたこと。

私がお母さんと家族を幸せにする！　とはりきって。実家にいる間は、その思い込みが反対に家族を苦しめる結果を作ってきたり。勝手に自分で重い責任を背負っていました。

結婚後は、私は元気過ぎて自由で正直過ぎる娘をもう何年も受け入れることができませんでした。そしてそんな自分を人間失格だと感じていました。だから、そんな私は幸せになってはいけないと、知らないうちに思い込んでいました。

子どもを愛せなかった理由は、後に、子どものせいでも、私のせいでもなく、私の内に居たインナーチャイルドが自分を癒してほしいというサインだったことに気がつきました。

本当にいろんなことがあったけど、できないことだらけの私だけど、やっぱり生きててよかった！　今そんな自分がまるごと愛おしいです。自分を許すこと、自分を受け入れること、自分を愛すること。

今はなんのためらいもなく娘を愛してる、生まれて来てくれてありがとう、と心から思える自分がいます。そして夫も両親も、そして自分のことも愛せている自分がいます。

すべてインナーチャイルドが教えてくれました。

小梅師匠、心からありがとうございます！

「自分の本音に気付く」《東京在住　Sさん　30代男性　会社員》

Sさんは、それまでご自身で取り組んでくれたインナーチャイルドのセルフケアの総仕上げとして、沖縄まで私を訪ねてくれました。身長の高い、がっしりした肉体を持つ素敵な男性ですが、感性は繊細でかつ頭の良い方なので、深い癒しも起き、そこからの洞察力も素晴らしいものがありました。ご自身の体験とその後の変化から、周囲でインナーチャイルドの問題で人生が上手くいかない人たちの手助けをしたいと、2018年1月から小梅式インナーチャイルドセラピーの勉強も始めてくださった方です。

以下、Sさんからの感想です。

＊　　＊　　＊

私がインナーチャイルドのセルフセラピーに取り組みはじめたきっかけは、小梅先生のお弟子さんの人気占い師Eさんにインナーチャイルドが癒されていないことを指摘されたことでした。

Eさんは私のインナーチャイルドについて細かく調べてくれました。20歳から0歳、さらには母体内までの各年齢のインナーチャイルドがどれだけ整理・納得できているかを点数で示してくれたのです。最初はどの年齢も低く、特に低年齢にいけばいくほど低い点数でした。

Eさんにセルフセラピーのやり方を教えていただき、自分なりにチャレンジしたのですが、最初はインナーチャイルドがそっぽを向いていたり、感情を素直に出してくれなかったりして苦労しました。

大人の自分とインナーチャイルドのコミュニケーションは、当初はまるで部下が上司に事実を報告するような事務的な感じでした。何を感じたか、ではなくて何があったかの報告ばかりなのです。それでも粘り強くセルフセラピーを続けているとだんだんインナーチャイルドが何を不満に思っていてどんな思いを抑え込んでいたのかを少しずつ話してくれるようになりました。

1日に3つくらいの年齢についてワークをしていって5周くらいして、全体的な点数がだいぶ上がってきました。なんとなく気分が明るくなってきたのを感じることができました。インナーチャイルドは良い子のふりをすることもあり、いったん良い点数が出ても、しばらく経つとまた元に戻っているということも何度かありました。ただ、続けていると確実に効果があるのを実感することができました。

3歳から下の年齢についてはやはりまだまだ点数が低くて、小梅先生にセッションをお願いすることにしました。小梅先生は、あらためて20歳以下のすべての年齢のインナーチャイルドのその時点での点数を調べてくれました。6歳が特に低かったのでまず6歳のインナーチャイルドについてセラピーをしていただきました。すっかり忘れていたけれど、確かに納得の心の不満に気付くことができました。続いて3歳から母体内までのセラピーをしていただきました。セラピーの最中は、意識を保ったままで必要なことを思い出せるという不思議な感覚でした。

セラピーが終わってインナーチャイルドをチェックしていただくと、どの年齢のインナーチャイルドもとても高い点数になっていました。同時に気持ちがスッキリとして明るくなり、とても幸せな感じがしました。

その足でEさんにお礼を伝えに行きました。その後、Eさんから「オーラの輝きが違ってびっくりした！」と小梅先生に連絡があったそうです。

紙面上、今回は3名の体験談でしたが、このインナーチャイルドのセルフヒーリングをやり、劇的に改善した方、じわじわと改善した方は数えきれないほどいらっしゃいます。表面的な癒しではなく、人生を変えるほどの癒しは、あなた自身にしかできません。

エネルギーマスターになる5つ目のポイント
自分を信じる

「人は愛を学ぶために生きている」と、どこかで聞いたことがあると思いますが、私は、愛と同じくらい、「信じる」ことを学ぶためにこの人生があるのではないかと思っています。あの世ではすべてエネルギーなので、嘘も誤魔化しも本音を隠すことなどもできません。すべてスケルトン状態。すっぽんぽん状態です。

それが、この人間界では、エネルギーを感じる能力が錆びてしまい、生まれて来るときにあの世で立てた計画や、魂の目的も忘れてしまっているので（それも計画ですが）、自分のことすらわからない、ましてや、他人のことなんてもっとわからない。あの人を信じてもいいの？　誰を信じたらいいの？　手探り状態です。

「信じる」ことって、「愛」と同じくらい奥深く、難しいものだと感じています。

私の勝手な解釈では、愛はＩ＝私を学ぶこと。信じるは、神を知る（神知る）こと。

何回も何回も生まれ変わっても学んで欲しいものが「愛＝私」と「信じる＝神」なんだと思います。

どこまで自分を信じることができる？

どこまで神を信じている?

どこまで相手を信じることができるの?

90%は信じているつもりだけど、100%と聞かれると自信がない。

本当に100%信じることってできるの?

そもそも、信じるってどういうことなんだろう……。

鑑定のお客様との会話の中で、浮気した御主人に対して、「信じていたのに……」という言葉が頻繁に出てきます。

そんな時、私は聞きなおします。「あなたは、何を信じていたんですか? 御主人が一生浮気をしないこと? それとも、何があっても御主人はあなたを愛し続けること? それとも、二人の絆? または、自分の安泰な生活?」

意地悪な質問に思われるかもしれませんが、たいがいは、その本人も何を信じていたのかわからないことが多いのです。

結局は、「一生浮気をしないで、私以外の女性に興味を持たないってことを信じたかった」わけですが、これは、相手を信じているというより、あくまで、本人の希望、理想、願望なのではないでしょうか。

浮気と一言でいっても、その原因はそれぞれの夫婦関係で違います。奥さんが冷たい人で、身体に指一本触れさせてくれなくて、つい寂しさで浮気をする旦那さんもいれば、文句のつけどころもない素敵な奥さんがいても、まるで病気のように浮気をする旦那さんもいます。浮気って、した人が100％悪い結果にみえますが、浮気に至るまでには、夫婦にしかわからない問題もあり、お互い様の原因もあるような気もします。

そんな中、人は何を信じることがいいのだろうかと考えます。

私なりの「信じる」の定義

1．「信じる」とは、「疑っていない」とは別物
2．「信じる」とは、「信じた」結果と違っていても受け入れる
3．「信じる」とは、ただ「信じる」こと。そこに願望やリクエストはない（そこに行き着くまでに、信頼関係を作り上げる作業としてのコミュニケーションや意見の出し合いは必要だが）
4．「信じる」とは、○○だから信じるではなく、○○がなくても信じるということ

あなたは自分を信じていますか？
あなたの人生を信じていますか？

人は、人生が順調に行っている時は幸福を感じ、人も自分も人生も神様のことも信じられるけれど、一度人生につまづき次々難問がふりかかってくると、途端に不幸を感じ、人も自分のことも、人生も神様もなにもかも信じられなくなったりする、結構、ご都合主義だったりします。

若かったり、未熟な時はたいがいそうだと思います。いたしかたない。それでも、そう簡単に諦めたり、見捨てたりできないのが人生なので、人はまた「信じたい」気持ちから始めるのだと思います。

「信じたい」「信じているつもり」「信じられれば」「信じよう」それらの気持ちの奥には、「信じて、まただめだったらどうしよう」という不安や恐れがあります。それでもいいのです。不安や怖れも、そう簡単に手放せない感情ですから。

それでも、「信じたい」気持ちを大切にして、「信じてみましょう」「信じることにしましょう」。小鹿が産まれてすぐ立って、細い足がプルプルふるえているように、おそるおそるでもいいんです。いつか必ず震えなくなるから。不安や怖れの感情もまったく同じです。それでも立って、歩き出して、慣れてくれば、いつのまにか怖れは薄れてきます。そしていつの間にか立ち止まって後ろを振り向くと、怖れは消えています。

怖れは、過去のいつかの出来事で、自分が自分を守るために、危険がないように、傷つかないように、先手で「怖れ」を感じさせて、それ以上、その先に行かないようにしているという、いつもの心のしくみなだけです。

それに気がついたら、「ありがとう。もう、恐れなくていいんだよ」って、自分に優しく言い聞かせることです。

とはいえ、これからも人生は続きます。嫌なことも起こるでしょう。しかし、もう以前のあなたではありません。

すべての出来事は、あなたが自分で成長するために設定した、予定通りの完璧なことだとわかったのですから。

自分を信じて、ひとつひとつ目の前のことを乗り越えていくだけです。

「私は私を信じます。」

おおげさに宣言する必要はありません。

小さな声でいいんです。そっと、自分にだけ伝えてあげてください。

「私のこと、信じるね」って。

すべての答えが宇宙にあるということは、私たちは答えを知っているのだ！

理学博士の佐治晴夫先生の著書に『THE ANSWERS すべての答えは宇宙にある』（マガジンハウス）というものがあります。

第一章の「人間のしくみ」でも書かせていただいていますが、私たち人間も、それ以外の森羅万象、すべてが宇宙からの発生で、宇宙の中に存在しているので、宇宙ルールこそ共通ルールであり、宇宙はすべてを知っているという考えには、私も同意見です。

しかし、すべての答えが宇宙に用意されていても、問題は、その答えを受け取れるのか？ また、受け取れるならその受け取り方はどうすればいいか？ ということです。

佐治先生はじめ、国内外の宇宙物理学者や量子力学の博士たちの多くは、ロマンを持って宇宙やエネルギーを研究されていて、そこからの答えを見つけ、受け取っていると思います。

たとえば、佐治先生は、その著書の中で、宇宙のゆらぎと人の営みの関連性について、また、愛についてこのように説明されていました。「本当に愛し合うということは、お互いを見つめ合うのではなく、同じ方向を向くこと。どんなに見つめ合ってもそこに見えるのは過去の姿のみ。二人揃って同じ方向を見つめれば、たとえ目に入ってくる光が過去のものであっても、同時にそれを感じて同じ場所を目指すことができる。いまという瞬間は不確かだけど、確実にあるということ。」

宇宙の研究は、もちろん未知なるものへの好奇心だと思いますが、その目的は、私たち人類がより愛ある豊かな生き方になることです。宇宙ルールの中でしか生きることができない私たち。身近なところでは、圧縮したガスを一気に膨張させ冷却させる冷蔵庫は、宇宙の始まりの原理と同じです。私たちの生活のすべては、宇宙ルールにのっとって営まれているのです。

人間の肉体の素材も宇宙にある素材のみでできています。電化製品も化粧品も携帯も家もなにもかも、もとはすべて宇宙にある素材です。ただ、その素材の使い方次第、組み合わせや使う量によって、人に優しいものから人の命を奪うものにもなりかねません。

原子力発電所やＡＩのように、宇宙の素材を使って人が作ったのに、人の手を離れたら、人がコントロールできないものまで生み出せる。宇宙の創造の力に驚嘆するとともに、人間が限度を知らずに、いえ、宇宙を無視してしまい、危険ラインを越えてしまったのではないかと懸念します。

宇宙物理学者のように星や宇宙から閃きや答えをもらうには、好奇心と感性が必要です。知りたい、感じたい、感じようとするその気持ちを大切にしながら、具体的な方法が必要です。感性を磨きながら、その感性をどのように使って、宇宙からどんなふうに答えをもらえるのか。これから小梅式の一つの方法をお伝えいたします。

私は、前作の『神様とメル友になれる本』（東邦出版）にも書きましたが、物心ついた年齢から今日まで、自分自身のことはもちろん、相談にいらしてくださった方々が求めている答えを「宇宙」に問いかけ、もらってきました。宇宙をイメージすると広すぎるので、「宇宙の中心点」をイメージして、その点を、子どもの私は勝手に神様と思ってきました。「答えをもらった」と思えた証拠は、その答えを、自分の人生や相談者に当てはめ、そのように行動していくと、そこには間違いなく突破口や新たな扉があったからです。

明確な答えをもらえる時もあります。謎かけみたいなヒントの時もあります。とはいえ、答えやヒントをもらっても、その突破口を抜けるか抜けないか、扉を開くか開かないかは、その人次第です。それでも、たしかに、そこに答えを見つけることができました。

こんなことを数十年経験してきたので、「すべての答えは宇宙にあり、質問を投げかけたら必ず答えは返ってくる」ことを信じることができたのです。

答えはすぐに来る時もあれば、時間がかかる時もあります。いずれにしろ宇宙に意思を投げかけたら、その意思に応じた答えは山々のコダマのように必ず返ってきます。

たまに、答えが返ってきているのに、その答えを受け止められない人、気づかない人、スルーする人などいろいろなタイプの方もいらっしゃいますが、それでも、答えは誰にでも平等に必ず返ってきているのです。

時折、宇宙からの答えは、謎解きのようだったり、逆にあまりにも当たり前すぎて気づかなかったりもします。これらの答えの受け取り方にも慣れてくるのですが、まずは、ここでは、シンプルな質問をして、シンプルなわかりやすい答えを受け取る方法を練習しましょう。

「宇宙の中心点」は、私が宇宙に質問や意思を投げかける時にイメージしやすいのでつくったものです。実際の宇宙には、重力がなく方向方角上下もないので中心点はありません。「宇宙の中心点」をイメージした時に、できるだけ中庸であればいいと思います。

宇宙の中心点に聞く

みんな宇宙から生まれた仲間です。
すべての答えは宇宙にあります。

まず、目をつぶり、深呼吸をします。目をつぶったまま目の前にイメージで○を描き、その○に中心点をつけます。

中心点に聞く、簡単な質問例1

例：(○の中心点に向かって）今日のメッセージとして、私に必要な漢字一文字を教えてください。

答えはさまざまなパターンでやってきます。質問に応じ、その人が一番受け取りやすい方法で来るものなので、質問したら、いつどこで答えをキャッチできるのかわからないので、心を開いて自然体で待っていてください。あまり力んで待っていると、繊細なエネルギーの答えだとわからない時があります（特に下記のEのパターンの時）。

これらの答えは人によってではなく、同じ人であっても、その質問によりさまざまな方法で答えがやってきますので、大変おもしろいです。

A：何気なく見ていたテレビから「これだ！」と思う。

B：本屋で何気なく立ち読みした本の中にその答えがあった。

C：友達との会話の中で、まるで神様のような答えをくれた。
D：特にそのことを考えていなかった時、何気ない時に「わかる」。
E：○の中心点に質問して、その点からすぐに答えが来る。質問を投げてその場ですぐに答えが来る（私の鑑定ではこれを使っています）。
F：シンクロニシティ（意味のある偶然の一致、共時性）。
G：これら以外。

これらのどれか、または複合で、その日のあなたに必要な漢字一文字を教えてもらえます。この漢字に執着する必要はありませんが、その日一日のお守りのような存在だと思ってください。この漢字を受け取る練習は、内なる神様との対話のきっかけになります。

以前、なんとなく、ダイエットしようかなぁと思った時がありました。ダイエットには詳しくないので、どんなダイエットがいいのかなぁとイメージで○に中心点を描き、その点に聞いてみました。
「私にぴったりのダイエット方法を教えてください。」
その後、何気なくテレビをつけた瞬間、「りんごダイエット」について芸能人が話していました。一応、私は「ふ〜ん」と軽く受け取りました。

次に、その日は出張だったので電車に乗ったら、隣に座っていたＯＬ風の女性たちがダイエットの話をしていて、私は耳をダンボにして盗み聞きをしていたら、ある女性が「私はいろいろダイエットを試したけど、一番良かったのはりんごダイエットかな」と言いました。この二つの出来事だけでも十分に宇宙の中心点からの答えになると思いますが、とどめがありました。出張の仕事を終えて自宅に戻ったら、なんと、りんごが１箱お歳暮に届いていましたとさ。

これは創作ではなく、本当の話です。引き寄せの話としても、また、中心点からの答えとしてもすごい話だと思いませんか。

この答えはパターンに当てはめれば、Ａ、Ｃ、Ｆの合作になりますね。

きっと、皆さんも、すでにこのようなシンクロや、テレビからのヒントを数々体験していると思います。

何回も言いますが、必死で答えを探すときより、意識をしていないくらいの何気ない感じで、答えを欲している時の方がすんなり良い答えをもらえることが多いのです。でも、求めていない人には何もこないので、宇宙には、自分の求めているものを伝えておくことは大事です。

先ほどの例で言うと、「私にぴったりのダイエット方法を教えてください」が、それにあたります。

または、特に意識をしていなくても、いつの間にか神頼みをしている時もあります。「神様がいるなら、教えてください」「神様、助けて！」と心の中で叫んでいたかもしれません。

その時は気づかなかったかもしれませんが、その後シンクロやテレビ、本などから閃いたことがあったはず。なぜなら、この宇宙では投げかけたエネルギーは必ずなんらかの形で返ってくるからです。

また、こんなこともあります。質問したつもりはないのに、メッセージ的なものが来るときがあります。それは答えではなく、日ごろ頑張っているあなたへの、天からのプレゼントのような導きですので、それも大切にしてください。決して深刻に受け止めず、その導きの方向に行ってみると、面白い何かがきっとあります。

中心点に聞く、簡単な質問例2

例：私の本質を花（色）にたとえたら、どんな花（色）？　そして、その理由も教えてください。

占いで自分のことを知るのも楽しいけれど、こんな風に自分で自分の本質を探せます。この質問は、質問例1より少しだけ高度な質問だから、当然答えも1よりボリュームがありますが、花の種類や色はすぐに閃いたり、ヒントがあちらこちらにあるはずです。「これだ！」というものを探してください。

その花（色）の理由は興味深いですよね。答えを受け取るのに慣れるまでは、最初は一言二言だと思いますが、答えを受け取る能力が高まると、その情報量や内容も、その人の受容能力に応じて、増えたり深い内容になっていきます。

生徒さんからの答えで素敵なものがありましたので、ご紹介します。

「よくわかりませんが、『かすみ草』だと思います。主役にはならないし、草と言われているけれど、よく見ると小さな花が可愛い。どの花もかすみ草と組みたがる感じです。それって引き立て役？

私、かすみ草が好きなんです。まさか、かすみ草と答えが返ってくるとは思ってもいませんでしたが、間違いなく、中心点というか、神様に『かすみ草』と言われた気がしました。」（いただいたメール原文）このなんとなくが大事な最初の一歩です。

人間はいくつになっても変化・成長・進化できる

そういえば、こんな嬉しいビッグニュースがありました。

ロンドン大学のサンドリン・チュレ教授が、「脳細胞は人為的に新生できる」と学会で発表しました。これは21世紀に入るまでの医学の常識「人間は成人になったら脳細胞は新生しない、減少する一方である。また、一度受けた脳細胞のダメージは修復不可能」を覆す、人類にとっては過去の思い込みがはずせ、希望を見出すことができる素晴らしい発表だと思います。この発表がもっと一般に浸透し、過去の「脳細胞は新生しない、修復も不可能」と思い込まされていた、「その時の常識」に、上書きをして、ここからは「人為的に脳細胞を新しくできる」という思考をインプットし直していただきたいと思います。

私は、今までもあまり常識に囚われる方ではなかったと思いますが、特に、この脳細胞に関する過去の常識に関しては、最初から信じていませんでした。

人間は生きている間はどんなにゆっくりであれ、細胞新生しているはずだと感じていたからです。年齢とともにその代謝の速度は落ちるかもしれませんが、それでも肉体が終わるまではずっと新生し続けると思っていました。逆に、どんなに若くても栄養のない食事をしていたり、携帯やその他、電子機器の使いすぎ、運動不足、睡眠不足等が続けば、脳細胞の活動は低下するはずです。

ここで、なぜこの話題に触れたのかと申しますと、人間はいくつになっても変化し、成長し、進化することができるとお伝えしたかったのです。

過去にどんなに辛い経験をしていても、それが頭と心から離れずにいたとしても、その人が望み、そうなるようにすれば、辛い記憶の上に、どんどん新しい明るい情報を増やし、最終的には過去の記憶に、それらの新しい情報を上書きすることができるということを、脳細胞の見地から証明されたような発表だからです。

脳は使えば使うほど、新生します。

では、もう一つ、今まで使ってこなかったような脳の部分を刺激する訓練を始めましょう。

氏名は使命

1：まず、あなたの氏名をひらがなで縦書きにノートやA4の紙に書いてください。（図1）
2：○の点に、このように質問をします。
「私、『たなかこうめ』の使命を教えてください。まず、『たなかこうめ』の「た」はどんな意味ですか？」

3：○の点に質問をしたら、必ず返答はきます。心を開いて、リラックスして、少し待っていてください。

4：なんとなく、出てきた言葉や、ふっと閃いた言葉があるはずです。

たなかこうめ

図1

た の し く
な
か
こ
う
め

5：次に『たなかこうめ』の「な」です。その次は「か」。このように「たなかこうめ」すべての文字の意味を○の中心点に聞いてください。

6：こんな感じです。

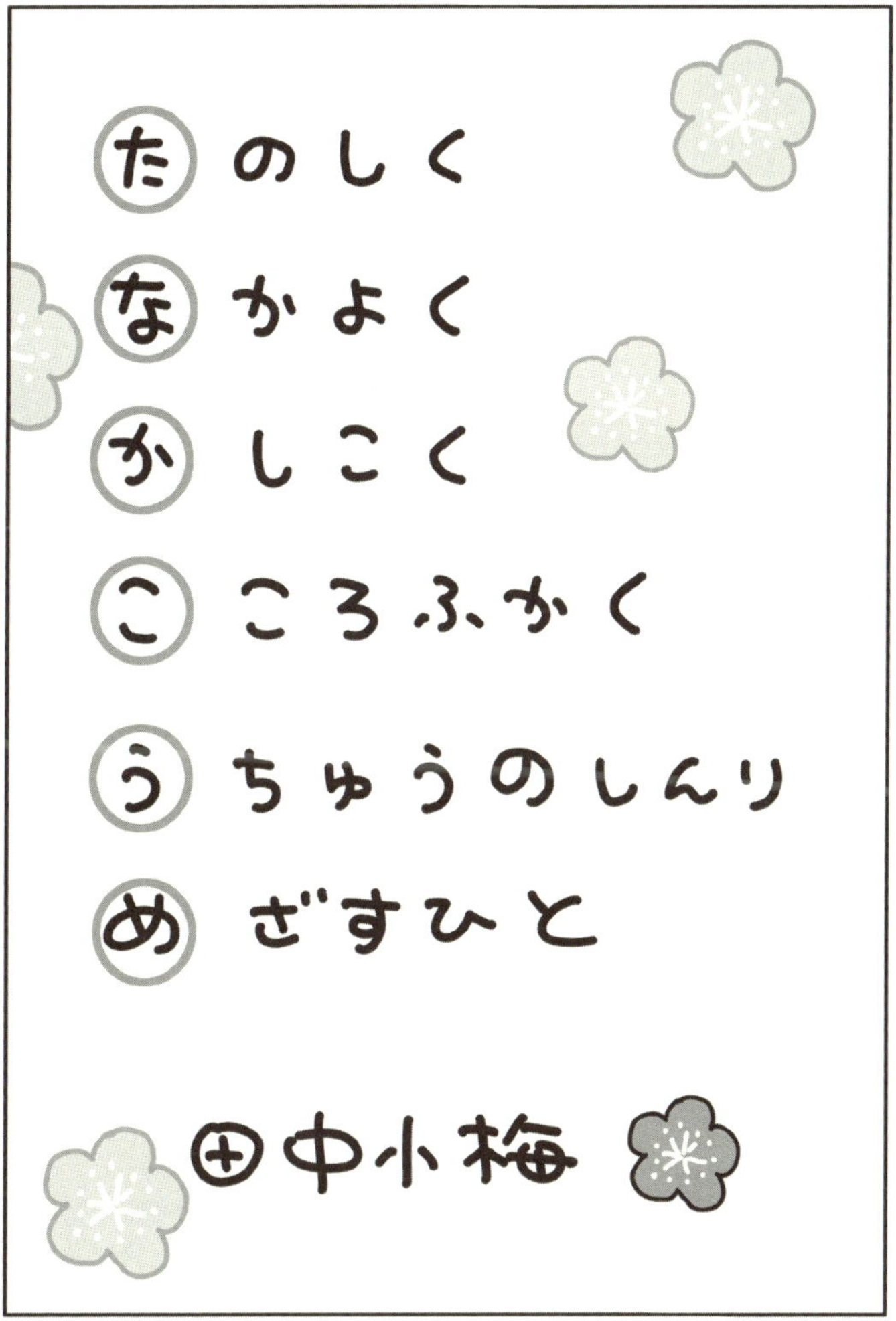
たのしく
なかよく
かしこく
こころふかく
うちゅうのしんり
めざすひと
田中小梅

田中小梅さんとは、「楽しく仲良く賢く、心深く、宇宙の真理（神理）、目指す人」。

これ、格好良すぎでしょうか？

これは「氏名は使命」というものです（「使命は氏名」でもいいです）。名前と誕生日が同じ人間は、そう多くはありません。世界で調べても数名だと思います。そんな貴重な自分の氏名には使命の秘密が暗号化されているのです。

まずは、このような感じで、単語や短い文章から受け取る練習をして、答えを受け取る時の感覚やコツみたいなものを感じてください。最初からハードルを高くして、難易度の高い質問をすると、答えを受け取れずに「やっぱり、私には無理無理病」にかかってしまうので、まずは、今回つかった例で自信をつけてくださいね。

これで、エネルギーマスターになるための5つのポイントを、すべてご紹介させていただきました。

最後に簡単なまとめです。

1．グラウンディング

グラウンディングとは「地に足をつける」こと。

何事も足元から。はじめの一歩からです。

小梅の本気のグラウンディングである天地人&8の字循環。

2．感性を磨く

感性は誰にでもありますが、磨けば光り、磨かなければ鈍ります。

感性とは物事を深く感じ取る働きのことで、つまり、感受性のことです。

感受性は創造力、視点の広さ、繊細な感覚が身につきますが、何より自分に正直になれます。

感性を磨くことで自分を思い出します。

3．エネルギーを感じる

この世はエネルギーでできています。

私たち人間もエネルギーです。エネルギーは常に動いて変化しています。

気持ちのよいエネルギーもあれば、その逆もあります。

自分を気持ちの良いエネルギーで満たしましょう！

4．自分で自分を癒し整理する

過去の整理は、知らない間に自分を苦しめていた潜在意識と無意識を知り整理することです。それは、過去に執着することでも、過去に囚われていることでもありません。

逆に、過去を見て見ぬふりをすることで、どれだけの思い込みや、自らつくった呪縛に苦しみ続けるのでしょうか。

自分を癒せるのは自分だけです。小梅式本気のインナーチャイルドセラピーで、生きながら生まれ変わりましょう。

5．自分を信じる

自分を信じましょう。それが他人と違った生き方であったり、人と違う選択であってもあなたの心のままに生きましょう。それがあなたの生まれてきた理由だから。

今回のあなたの人生でおこることに失敗はないということを信じましょう。

すべては、あなたがあなたのために仕組んだことばかりです。

今までうまくいかなかったから、自分を信じることをやめた人がいるとしたら、真実は、あなたが自分を信じられなかったから、うまくいかなかったのです。

でも、あきらめきれなかったから、あともう少しのような気がしたから、この本を手にとってくれたはずです。

あなたの理想とする人生は、ここからはじまります。フリーハンドで、好きなように、ここからのあなたの人生の脚本を自分で書き換えることもできます。


あなたは生まれてきたくて生まれてきました。

いろんなことを体験したくて生まれてきました。

大切なことは、なんでもやってみないとわからないということ。

この本に書かれたしくみを自分の人生で試してみましょう。


あなたは人の役に立ちたい、喜んでもらえる存在になりたいと思って生まれてきました。

本当にそうなのか、試してみましょう。


そもそも、この地球で人間で生きるということは大変なことです。

「人は幸福になるために生まれてきました」は本当でしょうか？

幸福って、何も問題がないことではありません。

苦はずっとありますよ。人間の世界ですから。

でも、どんな苦も乗り越えていける自分作りこそ幸福なのです。
生まれ変わって、また人間になることってすごく勇気のいることです。
そんな自分を物好きでおもしろい人間だと褒めてあげましょう。
そんなあなたを信じましょう。
何があっても大丈夫なあなたを信じましょう。
この宇宙に愛されているあなたを信じましょう。
やってみないとわからないあなたの人生を信じましょう。
やろうと思えばなんでもできるあなたの可能性を信じましょう。

ありがとう、あなたがあなたを信じてくれて。
ありがとう、あなたがこれから幸福であってくれて。
ありがとう、あの世で約束してくれて。
ありがとう、この時代に生まれてくれて。
ありがとう、ここまで読んでくれて。
ありがとう、この本を手にとってくれて。
ありがとう、あなたの人生の達人になってくれて。

おわりに

今回この本は、出版プロデューサーおかのきんやさんのご尽力により、ナチュラルスピリット社の今井社長とご縁をいただき、出版の機会をいただきました。

人は皆何かの特技や特徴があり、また、今回生まれてきた課題、目的があります。それぞれの人が持っている特技、特徴、智恵は、分かち合ってこそ全体が良くなることだと、私は信じています。

いま現在、生まれてきた環境に苦しんでいる人や、自分を愛せない人、不幸を感じている人、何をして生きればいいのかわからない人、人生は不公平だと不満のある人、自信が持てない人たちは、生まれて来た意味を見つけられずにいるでしょう。どこに向かって生きていけばいいのかもわからないかもしれません。そのような方々に、この本に書かれていることが小さな希望や納得になってくれたら大変嬉しいです。

皆さんは、わざわざこの苦労の多い人間界に、自分で計画をして生まれ変わってきた気高い魂です。ここまでも色々あって、きっと大変だったと思います。これからも、天に帰るまでは次々と問題があるでしょう。それが計画、それで完璧です。あとは、あなたが選択した楽しいことや苦労から何を学び、どう成長し、この人生の幕が閉じるまでに、最初から自分は完璧で、最初から幸せだったのだと思い出すだけです。これを私は究極の神化系（しんかけい）と呼んでいます。

この本のテーマは2つです。「しくみ」と「エネルギーマスター（自分の人生の達人になる）」です。

人の理解や成長は、年齢も性別も国籍も学歴も関係ありません。職業も関係ありません。その人が気付いたとき、わかったとき、思い出したときがその時です。その時にこの2つのテーマはあなたの人生を喜びに満ちたかけがえのない人生へと創りあげてくれます。

この本が、皆さんの心にやる気、生きる気を湧き立たせたり、また、ほんの一瞬でも安堵ややすらぎの灯火が点《とも》ることがあれば、それは、望外の幸せです。

最後に、本書の出版にあたり、お声をかけてくださったナチュラルスピリット社の今井社長、いつも優しい言葉をかけてくださり、やる気をおこさせてくれる同社のプロデューサー高山史帆様、的確な指示とアドバイスをくださった編集の高橋恵治氏、田中小梅の生みの親ともいうべき、出版プロデューサーのおかのきんや氏に心からの御礼を申し上げます。

田中小梅

プロフィール

田中小梅（たなか・こうめ）

幼少期より神様は一人ひとりの心の奥にいるのだと確信し、内なる神様と日々質疑応答を繰り返す。10歳で子ども霊能者としてデビューし、鑑定歴は40年以上。相談者は約5万人。一切の広告をしていないが、日本のみならず海外からも鑑定依頼が絶えない。顧客は、政治家、一部上場企業の会長、社長、芸能人から、主婦、子どもまでと幅広い。

自然療法のサロン経営、アロマセラピー、エネルギーワークの講師で全国を行脚した経験を経て、現在はこれまでの知識と体験をもとに執筆活動に専念。趣味はチェロと外国人に日本語を教えること。世界中を旅しながら、その時気に入った場所で家族と神様と仲良く暮らしている。現在は沖縄県在住。

著書は、『神様とメル友になれる本』（東邦出版）

神様とおしゃべりできる小梅さんの開運話

人生が好転していく「しくみ」のすべて

●

2018年10月28日　初版発行
2019年2月13日　第3刷発行

著者／田中小梅

装幀・本文デザイン／福田和雄（FUKUDA DESIGN）
DTP／朝日メディアインターナショナル株式会社
イラスト／おかのきんや
編集／高橋恵治

発行者／今井博揮
発行所／株式会社ナチュラルスピリット
〒101-0051 東京都千代田区神田神保町3-2 高橋ビル2階
TEL 03-6450-5938　FAX 03-6450-5978
E-mail info@naturalspirit.co.jp
ホームページ　http://www.naturalspirit.co.jp/

印刷所／モリモト印刷株式会社

ISBN978-4-86451-280-0 C0011